职业技能等级认定指导

保育员

（中级）

本书编写人员

主　编　程冠三
副主编　王　茜　苗　萍
编　者　严　劼　陈璐萍　阮芳萍　宋智惠　夏　静　杨　曼
　　　　李超然　张慧层

中国劳动社会保障出版社

图书在版编目(CIP)数据

保育员：中级/人力资源社会保障部教材办公室组织编写. -- 北京：中国劳动社会保障出版社，2022

职业技能等级认定指导

ISBN 978-7-5167-5599-0

Ⅰ.①保… Ⅱ.①人… Ⅲ.①幼教人员-职业技能-鉴定-自学参考资料 Ⅳ.①G615

中国版本图书馆 CIP 数据核字(2022)第 203788 号

中国劳动社会保障出版社出版发行

(北京市惠新东街1号　邮政编码：100029)

*

北京谊兴印刷有限公司印刷装订　新华书店经销

787 毫米×1092 毫米　16 开本　11.25 印张　216 千字

2022 年 12 月第 1 版　2022 年 12 月第 1 次印刷

定价：30.00 元

营销中心电话：400-606-6496

出版社网址：http://www.class.com.cn

版权专有　　侵权必究

如有印装差错，请与本社联系调换：(010) 81211666

我社将与版权执法机关配合，大力打击盗印、销售和使用盗版图书活动，敬请广大读者协助举报，经查实将给予举报者奖励。

举报电话：(010) 64954652

编写说明

《职业技能鉴定考试指导》(以下简称《考试指导》) 是《国家职业技能等级认定培训教程》(以下简称《教程》) 的配套辅助教材,每本《教程》对应配套编写一册《考试指导》。《考试指导》共包括两部分。

第一部分:考核指南。此部分按照《教程》章的顺序,对照《教程》各职业模块内容编写。每模块包括五项内容:考核要点、重点复习提示、理论知识辅导练习题、参考答案及说明、技能操作辅导练习题。

——考核要点是依据国家职业技能标准、结合《教程》内容归纳出的考核重点,以表格形式叙述。表格由考核范围、考核要点及重要程度组成。

——重点复习提示为《教程》各章内容的重点提炼,使读者在全面了解《教程》内容的基础上重点掌握核心内容,达到更好地把握考核要点的目的。

——理论知识辅导练习题题型采用两种客观性命题方式,即判断题和单项选择题,题目内容、题目数量严格依据考核要点,并结合《教程》内容设置。技能操作辅导练习题按职业实际情况可以是实际操作题、模拟操作题、案例分析题。

——参考答案除答案外,对个别试题还配有简要说明。

第二部分:模拟试卷。模拟试卷包括该级别理论知识考核模拟试卷、技能操作考核模拟试卷若干套,并附有参考答案。理论知识模拟试卷体现了本职业该级别大部分理论知识考核要点的内容;技能操作模拟试卷完全涵盖了操作技能考核范围,体现了技能考核要点的内容。

本职业《考试指导》共包括 4 本,即基础知识、初级、中级、高级。本书是其中的一本,适用于对各级别保育员的职业技能培训和考核复习。

编写《考试指导》有相当的难度,是一项探索性工作。由于时间仓促,不足之处在所难免,欢迎提出宝贵意见和建议。

目　　录

第一部分　考核指南

职业模块一　卫生管理与教育 ……………………………………………（1）
　　考核要点 ………………………………………………………………（1）
　　重点复习提示 …………………………………………………………（2）
　　理论知识辅导练习题 …………………………………………………（7）
　　参考答案及说明 ………………………………………………………（20）
　　技能操作辅导练习题 …………………………………………………（23）

职业模块二　生活管理与教育 ……………………………………………（33）
　　考核要点 ………………………………………………………………（33）
　　重点复习提示 …………………………………………………………（33）
　　理论知识辅导练习题 …………………………………………………（40）
　　参考答案及说明 ………………………………………………………（49）
　　技能操作辅导练习题 …………………………………………………（54）

职业模块三　健康管理与教育 ……………………………………………（65）
　　考核要点 ………………………………………………………………（65）
　　重点复习提示 …………………………………………………………（66）
　　理论知识辅导练习题 …………………………………………………（78）
　　参考答案及说明 ………………………………………………………（89）
　　技能操作辅导练习题 …………………………………………………（95）

职业模块四　辅助教育活动与家长工作 …………………………………（106）
　　考核要点 ………………………………………………………………（106）

重点复习提示 ……………………………………………………………（107）
理论知识辅导练习题 ……………………………………………………（111）
参考答案及说明 …………………………………………………………（126）
技能操作辅导练习题 ……………………………………………………（129）

第二部分　模 拟 试 卷

保育员中级理论知识考核模拟试卷 ……………………………………（141）
保育员中级理论知识考核模拟试卷参考答案及说明 …………………（160）
保育员中级技能操作考核模拟试卷 ……………………………………（162）
保育员中级技能操作考核模拟试卷评分标准及说明 …………………（166）

第一部分　考核指南

职业模块一　卫生管理与教育

考核要点

考核范围	理论知识考核要点	重要程度	技能考核要点	重要程度
清洁	1. 空气质量相关知识	了解	1. 科学开窗通风	熟悉
	2. 空气污染对婴幼儿健康的影响	掌握	2. 婴幼儿撒饭后的清洁	掌握
	3. 托幼机构的通风	掌握	3. 婴幼儿呕吐物的清洁	掌握
	4. 婴幼儿撒饭的影响	熟悉	4. 婴幼儿排泄物的清洁	掌握
	5. 婴幼儿呕吐的原因及表现	熟悉		
	6. 腹泻的原因及观察	掌握		
消毒	1. 托幼机构消毒管理要求	掌握	1. 物体、环境表面的消毒	掌握
	2. 消毒基本要求	掌握	2. 编织物的消毒	掌握
	3. 婴幼儿常见呼吸道传染病	掌握	3. 保温桶的消毒	掌握
	4. 婴幼儿常见消化道传染病	掌握	4. 室内空气的消毒	掌握
	5. 常见传染病的消毒方法	掌握	5. 餐（饮）具的消毒	掌握
			6. 婴幼儿发生呼吸道传染病的消毒	掌握
			7. 婴幼儿发生消化道传染病的消毒	掌握
资产管理	1. 班级卫生设施、设备资产管理制度	熟悉	1. 资产管理	掌握
	2. 对消毒物品的特殊要求	熟悉	2. 消毒剂管理	掌握

重点复习提示

一、清洁

1. 空气质量相关知识

（1）空气污染物的来源。室内空气污染可分为三大类：第一大类是化学污染，主要来自装修、家具、玩具、煤气、化妆品、抽烟、厨房的油烟等产生的污染，主要污染物包括苯、甲苯、二甲苯、甲苯二异氰酸酯、甲醛等挥发性的有机化合物和氨、一氧化碳、二氧化碳等无机化合物；第二大类是物理污染，主要污染物是来自室内外的电器设备产生的噪声、电磁辐射、光污染等；第三大类是生物污染，主要污染物是寄生于地毯、毛绒玩具、被褥中的螨虫及其他细菌等。

（2）提升室内空气质量的途径与方法。室内避免存有甲醛的释放物、通风、吸附法、植物净化法、化学净化法。

2. 空气污染对婴幼儿健康的影响

空气污染物，如细颗粒物（PM2.5）、二氧化硫、总悬浮颗粒物等，可使婴幼儿上呼吸道感染、支气管炎、鼻炎、扁桃体炎、哮喘、肺炎的患病概率增加，影响婴幼儿的身高和智力健康发育。

3. 托幼机构的通风

常用的通风方式是自然通风和机械通风。机械通风是指采用电风扇、排风扇和空调等辅助设备促进空气流通的方法。若托幼机构采用自然通风方式，室温仍在 30 ℃ 以上时，保育员应采用机械通风的方式。

通风时的注意事项：

（1）室内外温差比较大时，开窗通风应尽量选择婴幼儿不在室内时进行，注意循序渐进。冬季睡眠室的通风应在午睡前一小时停止，避免婴幼儿睡眠时温度太低。

（2）在室外空气质量较差时（如雾霾、大风、沙尘暴等天气），应避免开窗通风。

（3）传染病流行时期，应增加通风次数，延长通风时间。

4. 婴幼儿撒饭的影响

（1）对婴幼儿进餐情绪的影响。撒饭以及周围小伙伴异样的目光，会使孩子产生不同程度的自卑心理，反复出现甚至造成心理阴影，更易出现撒饭现象。

（2）对婴幼儿机体的影响。撒饭时，孩子会很紧张，进而可能会影响到进餐量。

5. 婴幼儿呕吐的原因及表现

（1）婴幼儿呕吐的原因。多由消化系统疾病引起，也可由全身各系统和器官的多种疾病引起。

神经系统疾病：咽食过急过快，进食过多，条件反射，心理障碍等。

消化系统疾病：胃肠道感染，消化不良，胃肠痉挛，消化道畸形，肠套叠，肠梗阻等。

消化道以外疾病：颅内疾病，呼吸道疾病，中毒等。

（2）婴幼儿呕吐的表现。一般呕吐常伴有恶心，呕吐量多少不定。

出现以下症状者应及时就医：呕吐的同时伴有严重腹泻或严重腹痛；呕吐后出现嘴唇干燥、小便减少等脱水症状；呕吐物中带有血液，或呕吐物呈黄绿色；严重的呕吐或反复呕吐已超过 6 h；呕吐前出现头部受伤、腹部撞伤；怀疑由食物中毒引起；怀疑呕吐物呛入气管，引起呼吸困难。

6. 婴幼儿腹泻的原因及观察

造成婴幼儿腹泻的主要原因有以下几个方面：急性胃肠炎、消化不良、肠炎、食量不足。

发生婴幼儿腹泻，应注意观察精神状态、观测体温、观察大便形状与次数。

7. 科学开窗通风

（1）根据季节的变化确定通风方式

1）冬季通风。冬季开窗通风至少应达到每半日一次，通风的时间一般为 10~15 min，以室内温度保持在 18~20 ℃为宜。如室内取暖设备比较完善，可整日开着一扇小窗户，以确保良好的空气质量。婴幼儿离开活动室进行室外活动时，保育员可打开大窗通风。

2）夏季通风。夏季一般执行全天通风制度，使用空调的房间应达到每半日通风一次，通风的时间一般为 10~15 min，以室内温度不超过 28 ℃为宜。没有配备空调的托幼机构，如室温过高，可采用电风扇、开窗对流和地面洒水的方法进行降温。

3）春秋季通风。春秋季室外温度与室内温度相近时，只要无大风、大雨等异常天气，可全天开窗通风。

（2）根据房间性质开窗通风

1）活动室通风。室内温度与室外温度相差较大时，保育员应在婴幼儿室外活动时进行活动室的通风。

2）睡眠室通风。睡眠室开窗通风的时间应在婴幼儿睡眠前和睡眠后，睡眠时间通风应避免空气对流。

3）盥洗室通风。一年四季只要天气条件允许，保育员应保持盥洗室全天开窗通风。

（3）根据天气情况开窗通风——特殊天气的开窗通风

1) 室温过低或过高时的通风。当室温过低或过高时，保育员应适当缩短通风时间，减小通风窗口。婴幼儿将要离开室内时提前打开窗户进行通风，将要回到室内时提前关闭窗户，以缩小室内外温差，并注意室内外温度的变化。

2) 风大时的通风。风大时，保育员应及时关闭窗户，避免灰尘进入造成室内空气污染。风停后，及时打开窗户进行通风换气。

3) 下雨时的通风。下雨时，保育员应及时观察风向，确定哪个方向的窗户溅雨，并及时将溅雨的窗户关闭，继续保留不溅雨的窗户通风。雨停后，应打开尽可能多的窗户，让婴幼儿呼吸到更多的新鲜空气。

8. 婴幼儿撒饭后的清洁

（1）协助孩子离开其所处的桌面位置，避免孩子弄脏衣物和踩脏地面。

（2）使用干净的湿抹布擦拭孩子衣服上的污渍，必要时可将脏衣服脱下清洗，并为其换上干净衣服。

（3）用干净的半干抹布将撒到桌面上的饭菜收进垃圾桶，再更换另一块干净的半干抹布将桌面彻底擦干净。

（4）用扫帚清扫地面，然后用簸箕将撒到地面上的饭菜彻底清理干净，再用干净的半干拖把将地面拖洗干净。

（5）清洁完毕后，保育员应及时稳定孩子的情绪，并给孩子重新盛饭，引导其愉快地进餐。

（6）孩子进餐完毕后，保育员应彻底清洁所用抹布、拖把、扫帚和簸箕，悬挂晾干，随时保持清洁工具的卫生。

9. 婴幼儿呕吐物的清洁

（1）协助孩子离开呕吐物，避免孩子将地面踩脏造成二次污染。

（2）用干净抹布及时擦拭、清洁孩子的衣物。如孩子衣服上沾染的呕吐物较多，保育员要及时为孩子更换衣服，并进行清洗消毒。

（3）提醒其他孩子避开呕吐物，同时按呕吐物和消毒剂200∶1的比例，加入50%二溴海因消毒液（浓度2 500 mg/L），搅匀，作用30 min，倒弃。

10. 婴幼儿排泄物的清洁

（1）将孩子悄悄地带至卫生间，及时把被粪便污染的衣裤脱下来，避免继续污染。

（2）先用温度适宜（38~40 ℃）的清水冲洗孩子身体上的排泄物，再用肥皂对污染的部分进行搓洗，最后用温度适宜的清水将孩子身上的肥皂泡沫冲洗干净。

（3）把孩子被冲洗的部位用备用毛巾擦干后，及时为孩子换上干净的衣裤。

（4）先用流动水冲洗被污染的衣裤，再用肥皂对被污染衣裤的重点部位进行搓洗，然后用 250 mg/L 二溴海因消毒液将衣裤浸泡消毒 10 min，刷洗干净后将衣裤悬挂在阳光下暴晒。

（5）询问孩子的身体状况，嘱咐其再次排便时及时去厕所，并训练孩子掌握穿脱衣裤的方法。

（6）用 500 mg/L 二溴海因消毒液浸泡所用的毛巾、拖把，10 min 后将毛巾、拖把悬挂晾干。

二、消毒

1. 托幼机构消毒管理要求

（1）托幼机构应建立各项规章制度，包括日常卫生管理制度、室内外环境卫生制度、消毒制度、健康检查制度、隔离制度、传染病报告和应急处理制度等，并严格按照制度要求开展托幼机构内的消毒工作。

（2）负责托幼机构卫生与消毒的工作人员，应定期接受卫生保健专业知识的培训，并对托幼机构的其他工作人员进行卫生知识宣传教育及卫生消毒、传染病防治等方面的指导。

（3）托幼机构的环境应以清洁卫生为主、预防性消毒为辅，应避免过度消毒对环境带来的不利影响。

（4）当托幼机构所在地发生传染病疫情时，托幼机构应加强预防性消毒工作；当托幼机构内发生传染病疫情时，应进行终末消毒。

（5）应使用符合国家标准或规定的消毒器械和消毒剂。预防性消毒可选用季铵盐类、双胍类、含氯消毒剂等。疫源地消毒使用的消毒剂应符合《疫源地消毒剂通用要求》（GB 27953—2020）的相关要求。对污染较重的消毒对象，应选用具有清洗功能的消毒剂。

（6）消毒剂、消毒器械应严格按照产品说明书规定的适用范围和使用方法，并在有效期内使用。

（7）托幼机构应妥善保存消毒剂，并应明确标识，避免婴幼儿误食或对婴幼儿造成灼伤等伤害。

（8）新建、改（扩）建的托幼机构，应充分考虑房间空气流通等卫生要求。

2. 消毒基本要求

（1）餐（饮）具的消毒

餐（饮）具和盛放直接入口食品的容器，应做到"一人一用一消毒"，严格执行"一洗、二冲、三消毒、四保洁"的制度。餐（饮）具应集中消毒，宜采用煮沸消毒和流通蒸汽消毒。

（2）环境、物体表面的清洁与消毒

1）物体表面每日清洁消毒 1 次，再用清洁水擦拭处理。

2）地面和墙面应保持清洁。

3）切菜板每日用硬刷和清水刷洗1遍，再用沸水烫1遍，必要时用消毒液浸泡消毒。

4）床上用品应专人专用。被褥每月暴晒1~2次，床上用品每月清洗1~2次。

（3）卫生洁具的清洁与消毒

1）脸盆应个人专用，用后清洗干净，保持清洁，每周浸泡消毒1次。浴（盆）池用后应清洗消毒，并保持干燥。洗手池每日清洗并擦拭消毒1次。

2）蹲便池用后随时冲洗干净，无积粪、尿垢，无异味。便盆、尿壶用后随时倒掉，并清洗干净，每日消毒1次。

（4）抹布、拖把的清洁与消毒。不同场所的抹布、拖把均应专用并有标记，不得混用。用后及时清洗干净，晾干备用，必要时进行消毒处理。

（5）牙刷、牙杯、毛巾等生活用品应个人专用并保持清洁，牙刷宜每月更换1次，牙杯、毛巾应每日清洗并消毒1次。

（6）室内空气的清洁与消毒。开窗通风保持室内空气新鲜，每日至少开窗通风2次，每次10~15 min。不宜开窗通风的，应安装机械通风设施或使用循环风空气消毒机，每天通风或消毒2次。在呼吸道传染病流行季节，每日应适当增加开窗通风或消毒频次。同时，定期对空调系统清洗消毒。

（7）使用中的游泳戏水池应每日进行消毒，保持清洁无异味。

（8）果蔬清洁。生吃的果蔬，应先用清水洗2遍，再用流动水冲洗。加热食用的果蔬，在加热前应用清水洗净。果蔬清洁用水应符合国家《生活饮用水卫生标准》（GB 5749—2022）的要求。

3. 婴幼儿常见呼吸道传染病

主要是流行性感冒、麻疹、风疹、水痘和流行性腮腺炎。

4. 婴幼儿常见消化道传染病

主要是细菌性痢疾、手足口病和病毒性肝炎。

5. 常见传染病的消毒方法

开窗通风法、紫外线照射法、煮沸和流通蒸汽法、日晒法、化学消毒法。

6. 婴幼儿发生呼吸道传染病的消毒

（1）隔离患儿。

（2）空气和飞沫的消毒。

（3）污染环境表面和物品、玩具的消毒。

7. 婴幼儿发生消化道传染病的消毒

（1）一般肠道细菌感染的消毒

1) 环境和用品表面的消毒。

2) 餐具、茶具的消毒。

3) 手的消毒，采用七步洗手法。

4) 饮水和食物的消毒。

（2）肠道病毒感染的消毒

1) 环境和用品表面的消毒。

2) 餐具、茶具的消毒。

3) 手的消毒。

4) 饮水和食物的消毒。饮水应煮沸 15 min，食物应煮熟后食用。患儿吃过的剩余食物，应煮沸或蒸汽消毒 15 min 后倒弃。

5) 呕吐物和排泄物的消毒。

6) 其他表面的消毒。

三、资产管理

1. 班级卫生设施、设备资产管理制度

（1）各种物品应放在固定、安全的位置。

（2）做好登记入册。

（3）及时报修损坏的设备。

2. 对消毒危险物品的特殊要求

（1）应存放在安全、固定的位置，专人负责保管。

（2）严格按照说明书的要求存放、保管消毒剂。不同类型的消毒剂有不同的管理方法，要严格按照说明书存放。

（3）使用应有详细记录。消毒剂的使用需要详细登记使用时间、浓度、使用范围、使用方法等；紫外线灯要详细记录清洁时间、开启时间、关闭时间、累计使用时间等。

（4）一次性使用不完的消毒液连同容器应按照规定统一回收处理，切不可随意丢弃，更不能随意放在盥洗室，以防好奇的婴幼儿接触，引起安全事故。

理论知识辅导练习题

一、判断题（下列判断正确的请在括号中打"√"，错误的请在括号内打"×"）

1. 空气质量可以依据空气中污染物浓度的高低来判断。　　　　　　　　（　　）

2. 烟尘不是空气污染中的污染物。　　　　　　　　　　　　　　　　　（　　）

3. 铅中毒会损伤婴幼儿的智力。（   ）
4. 儿童伤害与空气污染不相关。（   ）
5. 长期不通风会造成空气质量的恶化。（   ）
6. 人为因素可以影响空气质量，自然因素不存在对空气质量的影响。（   ）
7. 活性炭可以去除家具异味。（   ）
8. 活性炭是一种吸附能力很强的炭，可以吸收空气中挥发性的有机化合物和无机化合物。（   ）
9. 在室外空气质量较差时（如雾霾、大风、沙尘暴等天气），应避免开窗通风。（   ）
10. 睡眠室在儿童睡眠时间通风时，应避免空气对流。（   ）
11. 盥洗室可以一年四季全天开窗通风。（   ）
12. 环境污染已经成为诱发白血病的主要原因。（   ）
13. 活性炭有除臭杀菌、除湿、防潮、防霉、防虫的作用。（   ）
14. 幼儿撒饭后，保育员要先清洁桌面和地面，然后再处理幼儿衣服。（   ）
15. 发生撒饭时，如果保育员处理不当，可能会给孩子造成心理阴影。（   ）
16. 呼吸系统疾病可以引起婴幼儿呕吐。（   ）
17. 喷射性呕吐是指大量呕吐物从口鼻喷涌而出，常见于吞入大量空气及中枢神经系统疾病。（   ）
18. 在腹泻病例中，85%左右是因为患儿饮食不当，由饮食中的细菌、病毒而引起的腹泻。（   ）
19. 幼儿腹泻污染了衣物，为幼儿洗屁股时应由后往前洗。（   ）
20. 便池每天随时用随时冲刷，每周五用漂白粉浸泡后彻底清洁一次。（   ）
21. 清洁便池时用刷洗厕所的专用刷子彻底刷洗池底、两侧、拐角和下水道口等处。（   ）
22. 图书暴晒时间最好选择在上午九点到下午两点。（   ）
23. 布书清洁一般选用开水清洁消毒法。（   ）
24. 化学消毒法是指利用化学作用来消除或杀灭病原微生物的方法。（   ）
25. 及时正确的消毒能有效切断传染病的传播途径，阻止传染病的蔓延、扩散。（   ）
26. 应经常对托幼机构的环境进行预防性消毒，以保证婴幼儿的安全。（   ）
27. 托幼机构所用消毒剂应为经过卫生安全评价后的合格产品。（   ）
28. 预防性消毒是在有明确的传染源存在时，对可能受到病原微生物污染的场所和物品进行的消毒。（   ）

29. 公共区域预防性消毒时应以空气消毒为主。( )
30. 切菜板每日用消毒液浸泡消毒。( )
31. 二溴海因消毒剂可以用于有色织物。( )
32. 用消毒柜消毒毛巾时，需要将毛巾散开，不能叠放。( )
33. 喷雾消毒一般仅用于托幼机构内发生传染病疫情时的终末消毒。( )
34. 臭氧消毒后，臭氧会快速还原成氧气，无有毒有害物质的残留，故可以在有人条件下进行。( )
35. 消毒后的餐具应存放在清洁密闭的容器内，以免再次污染。( )
36. 蒸汽消毒时，餐具应水平放置。( )
37. 一般果蔬食用前需要消毒。( )
38. 新买的玩具不需要清洁消毒。( )
39. 木制玩/教具可以用水煮方式清洁。( )
40. 紫外线灯对图书消毒没有作用。( )
41. 活动区域清洁应根据不同区域的材料特点采用不同的清洁方式。( )
42. 活动区域物品表面清洁一般使用漂白粉、去污剂等。( )
43. 班级的消毒柜、保温桶要固定，避免砸伤婴幼儿。( )
44. 班级需要制定清洁、消毒资产管理制度。( )
45. 消毒剂是采用一种或多种化学或生物的杀灭微生物因子制成的用于消毒的制剂。( )
46. 作用时间是指在规定的剂量和条件下，消毒因子和消毒处理的物品有效接触的时间。( )
47. 碘伏需要密闭保存。( )
48. 用过氧乙酸等消毒剂进行喷雾消毒时，消毒人员应做好个人防护，如戴好口罩、眼镜、手套等。( )
49. 用消毒剂进行空气消毒时需关闭门窗，人员应离开消毒场所，消毒完成后应先打开门窗通风，待驱除消毒剂后方可进入。( )
50. 保育员应做到每件物品来路明、去路清、不丢失。( )
51. 保育员在本期物品管理中如出现不符或出现损坏，可在后期添加，不用登记。( )
52. 幼儿园 6S 管理中的整理是指将工作现场（各活动区、睡眠室、卫生间、楼梯等）的任何物品区分为有必要和没有必要的，除了有必要的留下来，其他的都消除掉。( )
53. 物品管理中应制定标准和规范，确定物品的名称或以代码标示物品的名称。( )

54. 幼儿园6S管理中的整顿环节不是为了整齐的工作环境而是为了检查需要。（ ）
55. 幼儿园6S管理中的素养是指每个教职工都自觉遵守各项规章制度，养成良好的工作习惯。
（ ）

二、单项选择题（下列每题有4个选项，其中只有1个是正确的，请将其代号填写在横线空白处）

1. ＿＿＿＿不是空气污染中的污染物。
   A. 二氧化氮   B. 二氧化硫
   C. 二氧化碳   D. 一氧化碳

2. 儿童的＿＿＿＿病100%是由环境污染造成的。
   A. 哮喘   B. 铅中毒
   C. 出生缺陷   D. 神经发育障碍

3. ＿＿＿＿已经成为诱发白血病的主要原因。
   A. 环境污染   B. 苯污染
   C. 甲醛污染   D. 铅污染

4. ＿＿＿＿污染属于化学污染。
   A. 噪声   B. 光
   C. 螨虫   D. 苯

5. ＿＿＿＿污染属于物理污染。
   A. 家具   B. 化妆品
   C. 噪声   D. 杀虫剂

6. ＿＿＿＿污染属于生物污染。
   A. 细菌   B. 电磁辐射
   C. 煤气   D. 厨房的油烟

7. 室内空气污染分为＿＿＿＿三类。
   A. 化学污染、光污染、螨虫污染   B. 化学污染、物理污染、光污染
   C. 化学污染、物理污染、生物污染   D. 空气污染、光污染、螨虫污染

8. 为达到净化室内空气污染的目的，最宜选择的植物是＿＿＿＿。
   A. 绿萝   B. 茉莉
   C. 栀子   D. 杜鹃

9. 家用活性炭可以有效吸收空气中的＿＿＿＿。
   A. 氨   B. 甲醛
   C. 二氧化硫   D. 二氧化氮

10. 以下物品中含甲醛最高的是_____。
    A. 地毯
    B. 实木家具
    C. 含甲醛树脂的木压制品
    D. 油漆

11. 在保持室内空气流通措施中，方便有效的是_____。
    A. 开窗通风
    B. 使用空气净化器
    C. 使用新风系统
    D. 使用家用活性炭

12. 自然通风主要靠_____来实现。
    A. 开窗通风
    B. 排风扇对流
    C. 空调换气
    D. 开电风扇

13. 自然通风时，室温仍在_____℃以上，可采用机械通风，以达到空气流通的目的。
    A. 26
    B. 28
    C. 30
    D. 32

14. 传染病流行时期，应加强通风次数，_____通风时间。
    A. 延长
    B. 保证
    C. 均衡
    D. 缩短

15. 冬季睡眠室的通风，应在午睡前_____ min 停止，避免婴幼儿进入时温度太低。
    A. 15
    B. 30
    C. 45
    D. 60

16. 冬季通风以室内温度保持在_____℃为宜。
    A. 14~16
    B. 16~18
    C. 18~20
    D. 20~22

17. 夏季室内温度以不超过_____℃为宜。
    A. 26
    B. 27
    C. 28
    D. 29

18. 当室温过低或过高时，保育员应_____通风时间。
    A. 不变
    B. 缩短
    C. 延长
    D. 视情况而定

19. 在不适宜开窗通风时，每日应当采取其他方法对室内空气消毒_____次。
    A. 1
    B. 2
    C. 3
    D. 4

20. 没有配备空调的托幼机构，如室温过高，一般不采用_____方法进行降温。

A. 开电风扇 B. 开窗对流
C. 地面洒水 D. 放置凉水

21. 睡眠室的通风应选择在_____。
    A. 婴幼儿外出活动时 B. 婴幼儿上床准备入睡时
    C. 婴幼儿准备起床时 D. 婴幼儿睡眠时

22. 使用空气净化剂属于_____清洁方案。
    A. 植物净化法 B. 吸附法
    C. 化学净化法 D. 扩散法

23. 使用活性炭属于_____清洁方案。
    A. 植物净化法 B. 吸附法
    C. 化学净化法 D. 扩散法

24. 室内环境污染可以造成儿童_____。
    A. 哮喘 B. 腹泻
    C. 贫血 D. 营养不良

25. 为避免婴幼儿撒饭，保育员应该_____。
    A. 尽量喂饭 B. 少盛饭菜
    C. 培养良好的进餐习惯 D. 孩子不专心吃饭时马上批评

26. 婴幼儿撒饭后，保育员正确的处理方式是_____。
    A. 安抚孩子，继续就餐 B. 为避免再次撒饭，尽量喂饭
    C. 批评孩子 D. 无须理会

27. 处理呕吐物时，呕吐物和消毒剂的比例为_____。
    A. 100∶1 B. 200∶1
    C. 300∶1 D. 400∶1

28. 处理呕吐物后，预防性消毒所需的二溴海因浓度为_____ mg/L。
    A. 250 B. 300
    C. 400 D. 500

29. 处理呕吐物时，消毒剂需要作用_____ min。
    A. 10 B. 20
    C. 30 D. 40

30. 排泄物污染的衣物需要用_____ mg/L 的二溴海因消毒液浸泡。
    A. 250 B. 300
    C. 400 D. 500

31. 清洁消毒便池应使用漂白粉或洁厕灵浸泡便池_____ min。
    A. 5   B. 10
    C. 15   D. 20

32. 便池、马桶的清洁消毒程序是_____。
    A. 用消毒液从上到下擦拭墙面瓷砖及便器扶手→用去污粉擦净冲洗→用洁厕灵擦拭→用消毒液消毒
    B. 去污粉擦净冲洗→用洁厕灵擦拭→用消毒液消毒
    C. 用洁厕灵擦拭→用消毒液消毒
    D. 用消毒液从上到下擦拭墙面瓷砖及便器扶手→用洁厕灵擦拭→用消毒液消毒

33. 便池脚踏处前面的清洁方式是_____。
    A. 用清水冲洗   B. 用消毒液拖净
    C. 用扫帚清扫   D. 用抹布擦拭

34. 每次婴幼儿集体如厕前，水龙头应_____。
    A. 用消毒液消毒   B. 用清水冲洗
    C. 用湿抹布擦拭   D. 用干抹布擦拭

35. 婴幼儿睡眠床清洁一般采用的方式是_____。
    A. 用半干抹布擦拭   B. 用84消毒液消毒
    C. 高温消毒   D. 无须清洁

36. 婴幼儿睡眠室地面清洁的正确方式是_____。
    A. 使用扫帚清扫   B. 使用抹布或半干拖把拖地
    C. 洒水   D. 湿拖

37. 玩/教具清洁时用_____进行擦拭。
    A. 湿抹布   B. 半干抹布
    C. 干抹布   D. 含消毒液抹布

38. 木制玩/教具的正确清洁方式是_____。
    A. 用干净纱布蘸取75%酒精或3%来苏水溶液擦拭后再用干净的布擦拭
    B. 使用肥皂水冲洗
    C. 用湿抹布擦拭
    D. 用消毒液浸泡

39. 小件塑料玩/教具的正确清洁方式是_____。
    A. 用消毒液浸泡   B. 用纱布蘸取75%酒精擦拭
    C. 用干抹布擦拭   D. 在水中浸泡

40. 图书暴晒法消毒要求的暴晒时间是_____h 以上。
    A. 2
    B. 4
    C. 6
    D. 8

41. 布质图书清洁的方法有_____。
    A. 水洗
    B. 只要不脏不用清洗
    C. 消毒液兑水（1∶50）清洗
    D. 洗衣粉清洗

42. 清洁排泄物需要使用的物品有_____。
    A. 水盆、毛巾
    B. 扫帚、簸箕
    C. 拖把、肥皂
    D. 水盆、毛巾、扫帚、簸箕、拖把、肥皂、250 mg/L 二溴海因消毒液

43. 清洁呕吐物需要准备的清洁工具有_____。
    A. 肥皂
    B. 扫帚、簸箕
    C. 干净抹布、垃圾桶、扫帚、簸箕、拖把、二溴海因消毒液、喷壶
    D. 空气清新剂

44. 睡眠室内的温度宜为_____℃。
    A. 15～18
    B. 18～25
    C. 25～28
    D. 28～32

45. 布置睡眠环境应_____。
    A. 拉上窗帘，降低声音干扰
    B. 关闭门窗，降低噪声
    C. 盖上被子
    D. 将温度调到 25～28 ℃

46. 婴幼儿床上用品清洗应使用_____。
    A. 洗涤剂
    B. 洗衣粉
    C. 肥皂
    D. 清洁剂

47. 玩具柜中的物品用_____进行擦拭。
    A. 湿抹布
    B. 半干抹布
    C. 干抹布
    D. 含消毒液抹布

48. 阳光暴晒 1～2 h 适合_____玩具。
    A. 塑料
    B. 木制
    C. 毛绒
    D. 电子

49. 木制玩具的清洁方式是_____。

A. 水洗后在太阳下暴晒 B. 沸水蒸煮
C. 半干抹布擦拭 D. 用消毒液擦拭

50. 对电子塑料玩具可_____消毒。
    A. 用消毒液擦拭 B. 使用白醋浸泡的抹布擦拭玩具表面
    C. 用水冲洗 D. 日晒

51. 布质图书清洁一般采取_____方式。
    A. 先用消毒液兑水（1∶50 比例）清洗
    B. 用清水冲洗干净
    C. 悬挂晾晒
    D. 以上都是

52. 纸质图书绘本的正确清洁方法是_____。
    A. 用湿抹布清洁 B. 用半干抹布清洁
    C. 在阳光下暴晒翻动，并拍去灰尘 D. 用水清洗

53. 清洗布质图书消毒液兑水的比例一般是_____。
    A. 1∶25 B. 1∶50
    C. 1∶100 D. 1∶150

54. 根据污染情况，图书每周应至少清洁消毒_____次。
    A. 1 B. 2
    C. 3 D. 4

55. 活动室消毒前清洁的程序是_____。
    A. 擦拭门→擦拭窗→清洁玩具柜→擦拭桌椅→清洁地面
    B. 擦拭门→擦拭窗→清洁玩具柜→擦拭桌椅→清洁地面→物品摆放→清洁抹布、拖把
    C. 开窗通风→擦拭灯具→清洁墙壁→擦拭门→擦拭窗→清洁玩具柜→擦拭桌椅→清洁地面→物品摆放→清洁抹布、拖把
    D. 开窗通风→擦拭灯具→清洁墙壁→擦拭门→擦拭窗→清洁地面→物品摆放

56. 消毒剂的使用方法不正确的是_____。
    A. 现配现用 B. 不要过度使用
    C. 与洗涤剂配合使用效果更好 D. 注意个人防护

57. 次氯酸钠消毒剂不可以应用于_____。
    A. 对桌面擦拭消毒 B. 对玩具浸泡消毒
    C. 对空气气溶胶喷雾消毒 D. 对地面喷洒消毒

58. 消毒杀灭或清除传播媒介上的作用对象是_____。
    A. 微生物　　　　　　　　　　B. 细菌
    C. 病毒　　　　　　　　　　　D. 病原微生物

59. 下列不属于消毒方法的是_____。
    A. 清洗法　　　　　　　　　　B. 生物法
    C. 化学法　　　　　　　　　　D. 物理法

60. 托幼机构中的日常消毒属于_____。
    A. 随时消毒　　　　　　　　　B. 终末消毒
    C. 疫源地消毒　　　　　　　　D. 预防性消毒

61. 下列属于物理消毒方法的是_____。
    A. 浸泡消毒　　　　　　　　　B. 红外加热消毒
    C. 生物消毒　　　　　　　　　D. 化学消毒

62. 在消毒方法中常作为首选的是_____。
    A. 清洗法　　　　　　　　　　B. 生物法
    C. 化学法　　　　　　　　　　D. 物理法

63. 消毒后允许存活的有_____。
    A. 微生物　　　　　　　　　　B. 条件致病微生物
    C. 致病微生物　　　　　　　　D. 非致病微生物

64. 餐（饮）具消毒一般不采用_____。
    A. 煮沸消毒　　　　　　　　　B. 流通蒸汽消毒
    C. 集中消毒　　　　　　　　　D. 浸泡消毒

65. 托幼机构预防性消毒中，最为重要的是_____消毒。
    A. 教室门把手、扶手　　　　　B. 墙面
    C. 窗玻璃　　　　　　　　　　D. 户外地面

66. 手部有明显污染物的时候应采取_____方式。
    A. 使用手消毒剂进行手消毒　　B. 用流动水冲洗
    C. 使用洗手液在流动水下冲洗　D. 使用含氯消毒剂进行手消毒

67. 下列不属于托幼机构预防性消毒重点的是_____。
    A. 餐桌　　　　　　　　　　　B. 卫生间
    C. 窗玻璃　　　　　　　　　　D. 水龙头

68. 紫外线消毒的适宜温度范围为_____℃。
    A. 20～40　　　　　　　　　　B. 20～30

C. 10~40　　　　　　　　　　　　D. 10~30

69. 擦拭消毒时，用抹布浸以_____ mg/L 二溴海因消毒液。
    A. 200　　　　　　　　　　　　B. 250
    C. 300　　　　　　　　　　　　D. 350

70. 喷雾结束_____ min 后，打开门窗，散去空气中残留的消毒剂雾粒。
    A. 20~30　　　　　　　　　　　B. 30~40
    C. 30~60　　　　　　　　　　　D. 40~60

71. 毛巾、餐巾不适用的消毒方法是_____。
    A. 煮沸消毒法　　　　　　　　　B. 流通蒸汽消毒法
    C. 紫外线照射法　　　　　　　　D. 浸泡消毒法

72. 对有色织物，可用_____ mg/L 复方季铵盐消毒液浸泡。
    A. 500　　　　　　　　　　　　B. 1 000
    C. 1 500　　　　　　　　　　　D. 2 000

73. 有色织物可以选择的消毒剂是_____。
    A. 含氯消毒剂　　　　　　　　　B. 二溴海因
    C. 季铵盐消毒剂　　　　　　　　D. 漂白粉

74. 流通蒸汽消毒毛巾的作用时间是_____ min。
    A. 5　　　　　　　　　　　　　B. 10
    C. 15　　　　　　　　　　　　　D. 20

75. 对于紫外线灯消毒，下列叙述正确的是_____。
    A. 效果不可靠　　　　　　　　　B. 有大量残留
    C. 不易于获取　　　　　　　　　D. 可用于空气消毒

76. 室内空气消毒，一般不用_____。
    A. 机械、开窗通风　　　　　　　B. 紫外线消毒
    C. 臭氧消毒机消毒　　　　　　　D. 消毒剂喷洒消毒

77. 使用中央空调的房间，可在空调的出风口和回风口安装_____。
    A. 紫外线消毒装置　　　　　　　B. 消毒装置
    C. 通风系统　　　　　　　　　　D. 新风系统

78. _____天气可以开窗通风。
    A. 雾霾　　　　　　　　　　　　B. 阴天
    C. 大风天　　　　　　　　　　　D. 沙尘暴

79. 对餐饮具最常用的消毒方法是_____。

A. 擦拭消毒 B. 浸泡消毒
C. 喷洒消毒 D. 热力消毒

80. 消毒餐具用的消毒柜是_____。
   A. 高温型 B. 紫外线型
   C. 臭氧型 D. 红外线型

81. 使用流通蒸汽对餐具消毒的作用时间是_____ min。
   A. 5 B. 10
   C. 15 D. 20

82. 流通蒸汽消毒时,餐具需要用_____盛放。
   A. 木制筐 B. 塑料筐
   C. 金属筐 D. 硅胶筐

83. 果蔬消毒,可以用浓度为_____ mg/L 的二溴海因浸泡。
   A. 250 B. 200
   C. 300 D. 400

84. 果蔬消毒,用二溴海因消毒液的浸泡时间是_____ min。
   A. 10 B. 20
   C. 30 D. 40

85. 对发生传染病疫情后托幼机构进行的消毒属于_____。
   A. 随时消毒 B. 终末消毒
   C. 标准消毒 D. 预防性消毒

86. 不干净的果蔬可以引起_____疾病。
   A. 流感 B. 手足口
   C. 肺炎 D. 胃肠炎

87. 疫源地消毒属于传染病控制的_____环节。
   A. 控制传染源 B. 切断传播途径
   C. 保护易感人群 D. 标准预防

88. 日常保育工作中,生活用品一般由_____负责保管。
   A. 保育员 B. 班主任
   C. 配班教师 D. 保健医生

89. 物品整理时间一般选择在_____。
   A. 使用后随时整理 B. 放学后
   C. 婴幼儿休息时 D. 婴幼儿外出活动时

90. _____不是厕所必备的物品。
    A. 拖把   B. 垃圾桶
    C. 毛巾   D. 扫帚

91. 班级常用的消毒器具有_____。
    A. 含氯消毒剂   B. 紫外线灯
    C. 季铵盐类消毒剂   D. 二溴海因消毒剂

92. 班级的消毒用品一般由_____负责保管。
    A. 保育员   B. 主班教师
    C. 配班教师   D. 保健医生

93. 季铵盐类消毒剂存放时不能接触_____。
    A. 漂白粉   B. 洗衣粉
    C. 84   D. 洁厕液

94. 过氧乙酸要求放置在_____。
    A. 阴凉处   B. 干燥处
    C. 阳光下   D. 潮湿地方

95. 需要密闭保存的消毒剂是_____。
    A. 碘伏   B. 二溴海因
    C. 漂白粉   D. 季铵盐类消毒剂

96. 以下关于托幼机构卫生设施的要求，描述错误的是_____。
    A. 室内通风良好，空气清新，无异味
    B. 桌椅高度符合儿童特点
    C. 每班有独立、安全的厕所和盥洗室
    D. 共用户外活动场地面积 3 平方米/人

97. 下列不属于空气消毒的方式是_____。
    A. 自然通风   B. 紫外线灯消毒
    C. 臭氧发生器消毒   D. 洒水

98. 紫外线照射对人的眼睛、皮肤有一定伤害，以下不正确的操作是_____。
    A. 照射时人员不能进入   B. 照射时间不超过 60 min
    C. 照射应至少每日进行一次   D. 照射时可自由出入

99. 耐用物品登记表内容应包括_____。
    A. 物品名称   B. 数量、质量、检查日期
    C. 名称、数量、颜色   D. 名称、数量、颜色、质量、检查日期

100. 婴幼儿物品登记表内容应包括_____。
    A. 姓名、物品名称
    B. 物品名称、数量、质量、带来时间
    C. 姓名、物品名称、数量、带走时间
    D. 姓名、物品名称、数量、质量、带来时间、带走时间

101. 玩/教具管理应按_____分类编号。
    A. 主题或学科   B. 用途
    C. 颜色   D. 班别

102. 玩/教具管理应使教具柜标签与_____相符。
    A. 分类教具托盘   B. 教具
    C. 颜色   D. 用途

103. 对玩/教具分类，应根据_____对物品进行命名和标示。
    A. 物品特性   B. 使用特点
    C. 物品特性和使用特点   D. 价格高低

104. 班级玩/教具管理的要求是_____。
    A. 集中区域   B. 固定管理
    C. 集中区域、固定管理、分类存放   D. 随机存放

105. 幼儿园 6S 管理中的整顿是指_____。
    A. 将工作场所清理干净
    B. 把要用的物品按规定位置明确标示、定量摆放整齐
    C. 将整理、整顿、清扫的成果得到维持并标准化
    D. 每个教职工都自觉遵守制度

106. 幼儿园 6S 管理中整顿的目的是_____。
    A. 实现整齐的工作环境
    B. 实现方便取用，不浪费时间找物品
    C. 统一规范保教人员和幼儿行为，形成良好的习惯
    D. 以上都是

参考答案及说明

一、判断题

1. √   2. ×   3. √   4. ×   5. √   6. ×   7. √   8. ×   9. √   10. √

11. ×	12. √	13. √	14. ×	15. √	16. √	17. √	18. √	19. ×	20. √
21. √	22. √	23. ×	24. √	25. √	26. ×	27. √	28. ×	29. ×	30. ×
31. ×	32. √	33. √	34. √	35. √	36. ×	37. ×	38. ×	39. √	40. √
41. √	42. ×	43. √	44. √	45. √	46. √	47. √	48. √	49. √	50. √
51. ×	52. √	53. √	54. √	55. √					

【说明】

2. × 有毒有害的物质排放到空气中，就会造成空气污染。污染物有烟尘、总悬浮颗粒物、可吸入悬浮颗粒物（浮尘）、二氧化氮、二氧化硫、一氧化碳、臭氧、挥发性有机化合物等。

4. × 空气污染物，如PM2.5、二氧化硫、总悬浮颗粒物等，可使婴幼儿的上呼吸道感染、支气管炎、鼻炎、扁桃体炎、哮喘、肺炎的患病率增加，影响婴幼儿的身高和智力健康发育。铅污染可导致儿童铅中毒。

6. × 影响空气质量的既有自然因素又有人为因素。人为因素如工业废气、燃烧、汽车尾气和核爆炸等，自然因素如雾霾。

8. × 活性炭是一种由含碳材料制成的外观呈黑色，内部孔隙结构发达、表面积大，吸附能力强的一类微晶质碳素材料。活性炭是一种吸附能力很强的炭，可以吸收空气中的各种工业废气和有机污染物。

11. × 在天气条件允许的情况下，盥洗室可以一年四季全天开窗通风。

14. × 幼儿撒饭后，保育员要先处理幼儿衣服，然后再清洁桌面和地面。

19. × 幼儿腹泻污染了衣物，为幼儿洗屁股时应由前往后洗。

23. × 布书清洁一般选用消毒液兑水（1∶50）的方式清洗。

26. × 托幼机构的环境应以清洁卫生为主、预防性消毒为辅，以保证婴幼儿的安全。

28. × 预防性消毒是指在没有细菌、病毒等病原微生物污染的情况下，采取必要的消毒措施，以防止发生传染病。

29. × 公共区域预防性消毒时应以室内空气消毒、公共区域共用物品的消毒、地面消毒和生活垃圾池消毒为主。

30. × 切菜板每日用硬刷和清水刷洗一遍，再用沸水烫一遍，必要时用消毒液浸泡消毒。

31. × 二溴海因消毒剂系酰脲类高效、安全消毒剂，在水中水解主要形成次溴酸，以次溴酸的形式不断释放出活性溴，发挥杀菌作用。用于防治疾病的消毒、游泳池的消毒、水果保鲜及工业用循环水的灭藻，以及日常生活的消毒。除不锈钢以外，对其他金属均有腐蚀作用，对有色织物有影响。

39. × 臭氧能够分解氧气，不会残留污染物；臭氧能够四处弥漫，360度无死角进行杀毒，只要通风换气就可以了；如果浓度过高，人闻过之后会有一定的危害性，因此不可以在有人时使用。

36. × 蒸汽消毒时，餐具应垂直放置，以利于蒸汽流通。

37. × 一般果蔬食用前不需要消毒。

38. × 新买的玩具因为包装或运输过程都会受到污染，使用前需要清洁或消毒。

39. × 木制玩教具不可以用水煮方式清洁消毒。

40. × 紫外线灯仅能杀灭直接照射到的微生物，因此必须使消毒部位充分暴露于紫外线下，并适当延长照射时间。

42. × 活动区域物品表面使用次氯酸钠类消毒剂消毒，使用浓度为有效氯 100~250 mg/L、消毒 10~30 min。

51. × 保育员对所保管的物品必须经常清点登记，并与记录相互核对，保证物品数量、品种正确无误。

54. × 6S 管理的整顿是把留下来的必须用的物品依规定位置摆放，并放置整齐加以标识，目的是使工作场所一目了然，消除寻找物品的时间。

二、单项选择题

1. C	2. B	3. A	4. D	5. C	6. A	7. C	8. A	9. B	10. C
11. A	12. A	13. C	14. A	15. D	16. C	17. C	18. B	19. B	20. D
21. A	22. C	23. B	24. A	25. C	26. A	27. B	28. D	29. C	30. A
31. D	32. A	33. B	34. A	35. A	36. B	37. D	38. D	39. B	40. C
41. C	42. D	43. C	44. B	45. A	46. D	47. D	48. D	49. C	50. B
51. D	52. C	53. D	54. A	55. C	56. C	57. C	58. D	59. A	60. D
61. B	62. D	63. D	64. D	65. A	66. C	67. C	68. A	69. B	70. C
71. C	72. D	73. C	74. D	75. D	76. D	77. D	78. D	79. D	80. A
81. B	82. C	83. D	84. A	85. B	86. D	87. D	88. D	89. B	90. D
91. B	92. A	93. B	94. A	95. C	96. D	97. D	98. D	99. D	100. D
101. A	102. A	103. C	104. C	105. B	106. D				

技能操作辅导练习题

【题目1】科学开窗通风

1. 考场准备

（1）本题分值：10分。

（2）考核时间：5 min。

（3）考核形式：模拟操作+口述。

2. 考核要求及注意事项

（1）操作演示根据季节的变化、特殊天气的开窗通风方式。

（2）按考核要点要求依次进行，时间一到立即停止操作超过5 min本题零分。

3. 考核目的

保育员根据季节变化确定通风方式，根据特殊天气确定开窗通风方式。

4. 评分项目及标准

评分项目	考核要点	配分	评分标准
1. 操作准备	（1）了解天气情况，活动室、睡眠室和盥洗室的温/湿度（1分） （2）了解班级孩子的健康状况（1分）	2分	错、漏一项扣1分
2. 口述通风要求	（1）注意开窗通风的方式、时间的合理性（1分） （2）根据季节、天气、房间性质确定通风方式（1分）	2分	未按正确顺序表述扣1分
3. 不同季节的通风步骤演示	（1）冬季通风。冬季开窗通风至少应达到每半日一次，通风的时间一般为10~15 min，室内温度以18~20 ℃为宜。婴幼儿离开活动室进行室外活动时，保育员可打开大窗通风（1分） （2）夏季通风。夏季一般执行全天通风制度，使用空调的房间应每半日通风一次，通风的时间一般为10~15 min，室内温度以不超过28 ℃为宜。没有配备空调的托幼机构，可采用电风扇、开窗对流和地面洒水的方法进行降温（1分） （3）春秋季通风。春秋季室外温度与室内温度相近时，只要无大风、大雨等异常天气，保育员可全天开窗通风（1分）	3分	未正确操作演示、漏项，每项扣1分
4. 口述特殊天气的开窗通风方式	（1）当室温过低或过高时，应适当缩短通风时间、减小通风窗口（1分） （2）风大时应及时关闭窗户，避免灰尘进入从而造成室内空气污染（1分） （3）下雨时应及时观察风向，确定哪个方向的窗户溅雨，及时将溅雨的窗户关闭，继续保留不溅雨的窗户（1分）	3分	错、漏一项扣1分
合计		10分	

【题目2】婴幼儿撒饭后清洁

1. 考场准备

(1) 本题分值：10分。

(2) 考核时间：5 min。

(3) 考核形式：模拟操作。

(4) 设备设施准备：桌子、干净抹布、扫帚、簸箕、拖把、垃圾桶、模拟人、口罩。

2. 考核要求及注意事项

(1) 操作演示婴幼儿撒饭后的安抚处理，桌面、地面的清洁方法及步骤，清洁物品的整理方法及步骤。

(2) 按考核要点要求依次进行，时间一到立即停止操作，操作超过5 min本题零分。

3. 考核目的

保育员掌握正确的婴幼儿撒饭后的清洁方法。

4. 评分项目及标准

评分项目	考核要点	配分	评分标准
1. 操作准备	(1) 室内温/湿度适宜，明亮，安全，避免对流风（1分） (2) 保育员着装整洁、修剪指甲、清洁双手、戴口罩（1分） (3) 物品准备：抹布三块、扫帚、簸箕、拖把、垃圾桶（1分）	3分	漏一项扣1分
2. 关爱孩子	(1) 协助孩子离开其所处的桌面位置（0.5分） (2) 使用干净的湿抹布擦拭孩子衣服上的污渍，必要时将脏衣服脱下清洗，并换上干净衣服（0.5分）	1分	未正确操作演示，每项扣0.5分
3. 清洁桌面、地面	(1) 用干净的半干抹布将桌面上残留的饭菜收进垃圾桶（1分） (2) 更换另一块干净的半干抹布将桌面彻底擦干净（1分） (3) 用扫帚清扫地面；用簸箕将地面上残留的饭菜清理干净（1分） (4) 用干净的半干拖把将地面拖洗干净（1分）	4分	未正确操作演示，每项扣1分
4. 人文关怀	(1) 及时稳定孩子的情绪（0.5分） (2) 给孩子重新盛饭，引导其愉快地进餐（0.5分）	1分	未正确操作演示，每项扣0.5分
5. 整理物品	(1) 进餐完毕后，保育员彻底清洁所用抹布、扫帚和簸箕，悬挂晾干（0.5分） (2) 七步洗手法洗手（0.5分）	1分	未正确操作演示，每项扣0.5分
合计		10分	

【题目3】 婴幼儿呕吐物的清洁

1. 考场准备

（1）本题分值：10分。

（2）考核时间：5 min。

（3）考核形式：模拟操作。

（4）设备设施准备：干净抹布、扫帚、簸箕、拖把、垃圾桶、二溴海因消毒剂、二溴海因消毒粉、喷壶、模拟人、口罩、流动水。

2. 考核要求及注意事项

（1）操作演示物品准备、关怀指导、地面清洁的操作步骤及物品整理要求。

（2）按考核要点要求依次进行，时间一到立即停止操作，操作超过5 min本题零分。

3. 考核目的

保育员掌握正确的婴幼儿呕吐物清洁方法。

4. 评分项目及标准

评分项目	考核要点	配分	评分标准
1. 物品准备	抹布、扫帚、簸箕、拖把、垃圾桶、二溴海因消毒剂、二溴海因消毒粉、喷壶	2分	漏一处扣0.5分，扣完为止
2. 个人准备	（1）衣帽整齐，戴口罩（0.5分） （2）着装整洁，修剪指甲，清洁双手（0.5分）	1分	未正确操作演示，每项扣0.5分
3. 关爱孩子	（1）协助孩子离开呕吐物，避免孩子将地面踩脏造成二次污染（0.5分） （2）用干净抹布及时擦洗、清洁孩子的衣物（0.5分） （3）必要时为孩子更换衣服并对衣服清洗消毒（口述）（0.5分） （4）提醒其他孩子避开呕吐物（0.5分）	2分	未正确操作演示，每项扣0.5分
4. 清洁地面	（1）按呕吐物和消毒剂200∶1的比例加入50%二溴海因消毒粉，搅匀（0.5分） （2）作用30 min（0.5分） （3）用扫帚、簸箕将呕吐物移入垃圾桶（0.5分） （4）拖把用500 mg/L二溴海因消毒液浸泡（0.5分） （5）把地面拖洗干净（0.5分） （6）将拖把清洗干净，用清水再次拖洗地面（0.5分）	3分	未正确操作演示，每项扣0.5分
5. 人文关怀	（1）及时稳定孩子的情绪，询问孩子身体状况（0.5分） （2）告知保健医生和家长（0.5分）	1分	未正确操作演示，每项扣0.5分
6. 整理物品	（1）彻底清洁消毒所用抹布、扫帚和簸箕，悬挂晾干（0.5分） （2）七步洗手法洗手（0.5分）	1分	未正确操作演示，每项扣0.5分
合计		10分	

【题目4】物体、环境表面的消毒

1. 考场准备

(1) 本题分值：10分。

(2) 考核时间：5 min。

(3) 考核形式：模拟操作。

(4) 设备设施准备：消毒液、毛巾、餐桌、门把手。

2. 考核要求及注意事项

(1) 操作演示餐桌、毛巾架、门把手、木制玩具、床等物品表面的清洁消毒方法和步骤。

(2) 按考核要点要求依次进行，时间一到立即停止操作，操作超过 5 min 本题零分。

3. 考核目的

保育员掌握正确的餐桌、毛巾架、门把手、木制玩具、床等物品表面清洁消毒方法。

4. 评分项目及标准

评分项目	考核要点	配分	评分标准
1. 物品准备	有效氯消毒液、毛巾、餐桌、门把手、木制玩具、床等	1分	漏一处扣0.5分，扣完为止
2. 餐桌消毒	(1) 餐前、游戏后使用浓度为有效氯 100~250 mg/L（1分） (2) 消毒 10~30 min（1分）	2分	未正确操作演示、漏项，每项扣1分
3. 毛巾架消毒	(1) 每周2次，使用浓度为有效氯 100~250 mg/L、消毒 10~30 min（1分） (2) 每周更换毛巾前对毛巾架全面消毒，传染病高发季每天消毒1次（1分）	2分	未正确操作演示、漏项，每项扣1分
4. 门把手消毒	(1) 每天1次，早班上班后，使用浓度为有效氯 100~250 mg/L（1分） (2) 消毒 10~30 min（1分）	2分	未正确操作演示、漏项，每项扣1分
5. 木制玩具、床消毒	(1) 每周1次（1分） (2) 使用浓度为有效氯 100~250 mg/L，用抹布擦拭表面（1分）	2分	未正确操作演示、漏项，每项扣1分
6. 物品整理	(1) 整理物品（0.5分） (2) 七步洗手法洗手（0.5分）	1分	未正确操作演示、漏项，每项扣0.5分
合计		10分	

【题目5】保温桶清洁与消毒

1. 考场准备

(1) 本题分值：10分。

(2) 考核时间：5 min。

(3) 考核形式：模拟操作。

(4) 设备设施准备：保温桶、专用清洁布、干净抹布、热开水、盆、口罩、帽子。

2. 考核要求及注意事项

(1) 操作演示保温桶内胆清洁方法及具体步骤、消毒方法及物品整理。

(2) 按考核点要求依次进行，时间一到立即停止操作，操作超过 5 min 本题零分。

3. 考核目的

保育员掌握正确的保温桶清洁与消毒方法。

4. 评分项目及标准

评分项目	考核要点	配分	评分标准
1. 操作准备	(1) 环境准备：温/湿度适宜，明亮，安全，避免对流风（1分） (2) 着装整洁，清洁双手，戴口罩、帽子（1分） (3) 物品准备：专用清洁布、干净抹布、热开水、盆（1分）	3分	未正确操作演示、漏项，每项扣1分
2. 倒出剩水	将保温桶中的剩水倒入水盆或下水道中	1分	操作错误扣1分
3. 清洁内胆	(1) 用清洁保温桶的专用清洁布擦洗保温桶内胆的周边和底部（1分） (2) 用热开水将内胆周边和底部的渣滓冲洗干净，将水倒出，用专用清洁布重点擦洗保温桶的水龙头（1分） (3) 用热开水将水龙头冲洗干净，用另外一块半干的干净抹布擦洗保温桶外部（1分）	3分	未正确操作演示、漏项，每项扣1分
4. 消毒	(1) 用 250 mg/L 二溴海因消毒液作用 10 min（1分） (2) 消毒后用生活饮用水将残留消毒剂冲净（1分）	2分	未正确操作演示、漏项，每项扣1分
5. 物品整理	清洗抹布，晾晒，将水盆等物品归类放好	1分	未正确操作演示、漏项，每处扣0.5分，扣完为止
合计		10分	

【题目6】室内空气消毒

1. 考场准备

(1) 本题分值：10 分。

(2) 考核时间：5 min。

(3) 考核形式：模拟操作+口述。

(4) 设备设施准备：紫外线空气消毒器、紫外线灯、臭氧消毒机。

2. 考核要求及注意事项

（1）操作演示开窗通风、紫外线消毒、臭氧消毒机消毒这三种室内空气消毒方式的方法、步骤及注意事项。

（2）按考核要点要求依次进行，时间一到立即停止操作，操作超过 5 min 本题零分。

3. 考核目的

保育员掌握正确的室内空气消毒的操作方法。

4. 评分项目及标准

评分项目	考核要点	配分	评分标准
1. 操作准备	（1）环境：室内温/湿度适宜，明亮，安全，避免对流风（1分） （2）保育员着装整洁、清洁双手（1分）	2分	未正确操作演示、漏项，每项扣1分
2. 机械开窗通风演示	（1）在外界温度适宜、空气质量良好时，定时打开门窗自然通风，是最简单且行之有效的空气净化方法（1分） （2）在通风良好的情况下，通风 30 min，可使室内空气中的细菌减少 77.3%～79.3%。每日 2 次通风，每次 10～15 min（1分）	2分	未正确操作演示、漏项，每项扣1分
3. 紫外线消毒演示	（1）使用紫外线空气消毒器，一般每天消毒 2 次，每次消毒 30 min。室内有可疑感染者时，可设置自动连续消毒（1分） （2）使用紫外线灯消毒，能量密度 1.5 W/m^2，每次消毒 60 min（1分）	2分	未正确操作演示、漏项，每项扣1分
4. 口述臭氧消毒机消毒	（1）臭氧是一种广谱杀菌剂，可杀灭细菌繁殖体和芽孢、病毒、真菌等，并可破坏肉毒杆菌毒素（1分） （2）消毒后，臭氧会快速还原成氧气，无有毒有害物质的残留。消毒宜在无人条件下进行（1分）	2分	错、漏一处扣1分，扣完为止
5. 口述注意事项	（1）在室内外温差比较大时，开窗通风应尽量选择婴幼儿不在室内时进行，注意循序渐进（0.5分） （2）在室外空气质量较差时（如雾霾、大风、沙尘暴等天气），应避免开窗通风（0.5分） （3）传染病流行时期，应增加通风次数，延长通风时间（0.5分） （4）使用紫外线灯消毒和臭氧消毒机消毒时，应严格按照说明操作。消毒结束后，需开窗通风换气。有中央空调的房间，可在空调的出风口和回风口安装紫外线消毒装置。每天消毒 2 次。疑有感染者时，可设置间歇性消毒或连续消毒（0.5分）	2分	错、漏一项扣 0.5分
合计		10分	

【题目7】出现肠道病毒感染病例的消毒

1. 考场准备

（1）本题分值：10分。

(2) 考核时间：5 min。
(3) 考核形式：模拟操作。
(4) 设备设施准备：碘伏、二溴海因消毒液、含氯消毒液、含氯消毒粉。

2. 考核要求及注意事项

(1) 操作演示肠道病毒涉及的环境和用品表面的消毒，餐具、茶具的消毒，手的消毒，饮水和食物的消毒，呕吐物和排泄物消毒的具体方法、步骤。

(2) 按考核要点要求依次进行，时间一到立即停止操作，操作超过 5 min 本题零分。

3. 考核目的

保育员掌握正确的肠道病毒感染后的消毒方法。

4. 评分项目及标准

评分项目	考核要点	配分	评分标准
1. 物品准备	碘伏、二溴海因消毒液、含氯消毒液、含氯消毒粉	1分	错、漏一处扣 0.5 分，扣完为止
2. 环境和用品表面的消毒	(1) 用 1 000 mg/L 二溴海因消毒液消毒，或含氯消毒液擦拭、喷洒或浸泡消毒（0.5分） (2) 作用时间 30 min（0.5分）	1分	错、漏一项扣 0.5 分
3. 餐具、茶具的消毒	(1) 用 1 000 mg/L 二溴海因消毒液或含氯消毒液浸泡消毒（0.5分） (2) 作用时间 30 min（0.5分）	1分	错、漏一项扣 0.5 分
4. 手的消毒	(1) 用 3 000 mg/L 碘伏浸泡消毒（0.5分） (2) 作用时间 5 min（0.5分）	1分	错、漏一项扣 0.5 分
5. 饮水和食物的消毒	(1) 饮水应煮沸 15 min，食物应煮熟后食用（1分） (2) 患儿吃过的剩余食物，用煮沸或蒸汽消毒 15 min 后倒弃（1分）	2分	错、漏一项扣 1 分
6. 呕吐物和排泄物的消毒	(1) 按排泄物和消毒剂 100∶1 的比例加入 50% 二溴海因消毒粉或含氯消毒粉（5 000 mg/L）搅匀（1分） (2) 作用 30 min 后倒弃（1分）	2分	错、漏一项扣 1 分
7. 其他表面的消毒	(1) 卫生间、浴室、交通工具等的表面，用 1 000 mg/L 二溴海因消毒液或含氯消毒液，擦拭或喷洒消毒（1分） (2) 作用 30 min（1分）	2分	错、漏一项扣 1 分
合计		10分	

【题目8】婴幼儿餐具清洁消毒

1. 考场准备

（1）本题分值：10 分。

（2）考核时间：5 min。

（3）考核形式：模拟操作+口述。

（4）设备设施准备：煮锅图片或实物、蒸汽消毒车图片或实物、消毒柜图片或实物。

2. 考核要求及注意事项

（1）操作演示煮沸消毒、流通蒸汽消毒、远红外线消毒箱消毒三种消毒方法及注意事项。

（2）按考核要点要求依次进行，时间一到立即停止操作，操作超过 5 min 本题零分。

3. 考核目的

保育员掌握正确的婴幼儿餐具清洁消毒方法。

4. 评分项目及标准

评分项目	考核要点	配分	评分标准
1. 操作准备	着装整洁，修剪指甲，清洁双手	1分	错、漏一处扣 0.5 分，扣完为止
2. 煮沸消毒演示	（1）煮锅内的水应将物品全部淹没（1分） （2）水沸后开始计时，持续煮沸 15 min（1分） （3）计时后不得再新加入物品，否则持续加热时间应从重新加入物品再次煮沸时算起（1分）	3分	未正确操作演示、漏项，每项扣1分
3. 流通蒸汽消毒演示	（1）利用 100 ℃水蒸气消毒 10 min（1分） （2）最简单的方法是蒸饭箱，常用流通蒸汽消毒设备有蒸汽消毒柜、蒸汽消毒车，消毒时间应在水沸腾并冒出蒸汽后开始计算（1分） （3）餐具应垂直放置，并留有空隙，防止空气留存在死腔内（1分）	3分	未正确操作演示、漏项，每项扣1分
4. 远红外线消毒箱消毒演示	（1）消毒柜分为高温型和紫外线臭氧型，消毒餐具必须为高温型（1分） （2）按照产品说明书进行消毒（1分）	2分	未正确操作演示、漏项，每项扣1分
5. 口述注意事项	（1）保证消毒时间，严格按照消毒时间进行消毒（0.5分） （2）关注消毒间的安全，消毒后应存放在清洁密闭的容器内，以免再次污染（0.5分）	1分	错、漏一项扣 0.5 分
合计		10分	

【题目9】班级清洁、消毒资产的管理

1. 考场准备

（1）本题分值：10分。

（2）考核时间：5 min。

（3）考核形式：模拟操作。

（4）设备设施准备：清洁类资产图片或实物、消毒类资产图片或实物。

2. 考核要求及注意事项

（1）操作演示清洁消毒资产分类、清洁消毒资产管理操作流程。

（2）按考核要点要求依次进行，时间一到立即停止操作，操作超过5 min本题零分。

3. 考核目的

保育员掌握正确的清洁消毒资产管理操作流程及方法。

4. 评分项目及标准

评分项目	考核要点	配分	评分标准
1. 清洁、消毒资产分类	（1）清洁类资产：吸尘器、洗衣机、烘干机、洗碗机	2分	错、漏一处扣0.5分
	（2）消毒类资产：流通蒸汽消毒柜、活氧水消毒设备、空气消毒器、消毒保洁柜	2分	错、漏一处扣0.5分
2. 清洁、消毒资产管理操作流程演示	（1）清点登记：对班级的所有物品进行清点登记（1分） （2）妥善保管：应放在婴幼儿拿不到的地方。消毒柜、保温桶要固定，避免砸伤婴幼儿（2分） （3）规范使用：生活用品需按照用途规范使用，消毒用品要按照说明书，严格按照清—消—清的操作流程使用（2分） （4）精心维护：爱护物品，避免人为损坏（1分）	6分	错、漏一项处按对应分值扣分
合计		10分	

【题目10】消毒剂的管理

1. 考场准备

（1）本题分值：10分。

（2）考核时间：5 min。

（3）考核形式：模拟操作+口述。

（4）设备设施准备：消毒剂图片或实物、水盆、喷壶、清水抹布、消毒抹布等。

2. 考核要求及注意事项

（1）操作演示消毒剂管理操作流程，口述注意事项。

（2）按考核要点要求依次进行，时间一到立即停止操作，操作超过5 min本题零分。

3. 考核目的

保育员掌握正确的消毒剂管理操作流程及方法。

4. 评分项目及标准

评分项目	考核要点	配分	评分标准
1. 个人准备	衣服着装整齐，戴专用手套，戴口罩	1分	错、漏一处扣0.5分，扣完为止
2. 消毒剂种类及选取	（1）班级常用的消毒剂：含氯消毒剂（次氯酸钠、漂白粉）、季铵盐类消毒剂、过氧乙酸、二溴海因等（1分） （2）预防性消毒选用季铵盐类、双胍类、含氯消毒剂等。疫源地消毒使用的消毒剂应符合《疫源地消毒剂通用要求》（GB 27953—2020）（1分） （3）对污染较重的消毒对象，应选用具有清洗功能的消毒液（1分）	3分	错、漏一项扣1分
3. 消毒资产管理操作流程	（1）登记入册：记录入班时间、物品名称、经手人、保质期，同时需要登记失效日期（1分） （2）安全保管：按照说明书的环境要求存放在安全固定的位置，专人负责保管，放在婴幼儿接触不到的地方（1分） （3）定期核对，保证物品数量、品种正确无误。过保质期的物品及时销毁（1分） （4）规范使用：详细登记使用时间、浓度、使用范围、使用方法等；一次性使用不完的消毒液及容器应按照规定统一回收处理，切不可随意丢弃，更不能随意放在盥洗室，以防好奇的婴幼儿玩耍，引起安全事故（1分）	4分	错、漏一项扣1分
4. 口述注意事项	（1）漂白粉易受潮，要密闭存放，放置在阴暗处（0.5分） （2）季铵盐类消毒剂不能接触肥皂和洗衣粉（0.5分） （3）过氧乙酸要放在阴凉处，储存不当易发生爆炸（0.5分） （4）碘伏需避光密封保存（0.5分） （5）乙醇要密闭保存（0.5分） （6）二溴海因需存放于阴凉、干燥、通风的地方（0.5分）	3分	错、漏一项扣0.5分，扣完为止
合计		10分	

职业模块二 生活管理与教育

考核要点

考核范围	理论知识考核要点	重要程度	技能考核要点	重要程度
进餐管理与指导	1. 介绍食物的营养特点	了解	1. 介绍饭菜营养特点	熟悉
	2. 指导幼儿独立自主进餐	熟悉	2. 婴幼儿进餐中不同情况的保育护理	掌握
			3. 指导婴幼儿独立自主进餐	掌握
饮水管理与指导	1. 饮水中的问题与应对	掌握	1. 婴幼儿饮水过程中打翻水杯的处理	掌握
	2. 关注婴幼儿饮水时的心理感受	熟悉	2. 婴幼儿饮水过程中呛水的处理	掌握
盥洗、如厕管理与指导	1. 指导婴幼儿盥洗、如厕	掌握	1. 协助或引导托班、小班孩子整理衣物	掌握
	2. 指导婴幼儿整理衣物	掌握	2. 指导中、大班幼儿整理衣物	掌握
			3. 指导婴幼儿洗手	掌握
睡眠照料	1. 指导婴幼儿独立就寝	掌握	1. 指导婴幼儿独立就寝	掌握
	2. 婴幼儿睡眠中遗尿问题的处理	掌握	2. 婴幼儿睡眠中遗尿问题的处理	掌握
			3. 婴幼儿如厕指导	熟悉

重点复习提示

一、进餐管理与指导

1. 常见食物的营养成分

类别	品种	主要营养成分
谷物类	米、面、杂粮等	碳水化合物、蛋白质、纤维素、B族维生素等
动物类	肉、禽、鱼、奶、蛋类等	蛋白质、脂肪、无机盐、维生素A、B族维生素等
豆类及其制品	大豆及其他干豆类	蛋白质、脂肪、纤维素、无机盐、B族维生素等
蔬菜与水果类	鲜豆、根茎菜、叶菜、茄果	纤维素、无机盐、胡萝卜素、维生素等
热能性类	植物油、食用糖	脂肪、碳水化合物

2. 介绍饭菜的方式

（1）通过情景言语介绍。对于年龄较小的孩子可采用拟人化的语气或语句介绍饭菜，尽量浅显易懂。

（2）通过游戏活动介绍。开展谜语活动猜菜名，可充分满足婴幼儿的好奇心和求知欲。

（3）报菜名猜食物。可轮流邀请中、大班幼儿提前了解当日菜单，担任介绍人念出当日食物菜名，其他幼儿猜菜品中可能包含的食物或配料，既可使幼儿了解中华菜名中蕴含的文化，也可熟悉食物烹饪手法。

3. 食物过敏知识

食物过敏是指由食物蛋白引起的异常或过强的免疫反应，食物蛋白为食物过敏原。

（1）食物过敏的表现。食物过敏的表现与免疫反应类型有关。食物过敏最多见于2岁以下婴儿，但少数可一直延续到成年。全球食物过敏的发生率呈逐渐增多的趋势。

（2）容易引起过敏的食物。最常见的引起食物过敏的食物主要有鸡蛋、牛奶、小麦、花生、大豆、鱼、坚果、贝壳类，共八大类。任何食物均有引起过敏的可能。

4. 创设良好进餐环境的意义

营造良好进餐环境有助于促进婴幼儿的食欲，让婴幼儿保持轻松愉快的进餐心情。在温馨的氛围中进餐，可以促进消化腺的分泌，增进食欲。良好的进餐环境可使婴幼儿专心进食，养成良好进餐习惯，创造自我服务的机会。一个与同伴融洽、师生积极互动的空间，可促进婴幼儿身心和谐健康发展。

5. 创设良好进餐环境的方法

图片暗示法、音乐放松法、儿歌提醒法、光盘打卡法。

6. 婴幼儿进餐礼仪

（1）坐姿。端坐在椅子上，以胸口离桌缘一拳为宜，以舒适为主。进餐时，以身体不晃动或摇摆为宜。

（2）餐具使用姿势。一手扶碗，一手拿勺或筷子将食物送入口中。

（3）用餐卫生。吃自己的饭菜，不去舀或夹别人的饭菜。当要咳嗽或打喷嚏时，应侧身转头避开餐食，使用衣袖或纸巾遮挡住自己的口鼻。如用手遮口鼻，需洗手后再进餐。

（4）细嚼慢咽。进食时，在口中多咀嚼，嚼碎食物可促进营养吸收。进餐时间以每餐 20~30 min 为宜。

（5）进餐时不说话。进餐时不讲话，保持安静，以免食物进入气管引起呛咳，甚至危及生命。

（6）不偏食、不挑食。每种食物都有其独特的营养价值，对人体特别是处于生长发育旺盛时期的婴幼儿，平衡饮食尤为重要。应利用各种方法引导孩子不偏食、不挑食。

7. 饮水的常见问题及解决方法

（1）水温的控制。根据季节不同作调整，冬季控制在 40 ℃ 左右，夏季水温可低一些。每次在婴幼儿饮水前，需要保育员用手腕内侧试温，或用专用测温杯接取并用中心温度计测量水温。

（2）饮水量。提醒婴幼儿接半杯水，饮用完可适当添加。婴幼儿一天的饮水量应不少于 600 mL，可定时组织喝水，也可按需饮水。同时可以根据气温、活动量等情况，适当增减饮水量，提醒婴幼儿慢慢喝水，不暴饮。在激烈运动后，如需要喝水，应引导婴幼儿不立即大量饮水，可少量饮用。

（3）饮水前的手卫生。在饮水前，应组织婴幼儿分组洗手，用洗手液、流动水冲洗，培养良好的卫生习惯。

（4）饮水中的秩序。在组织饮水过程中，对中、大班，应组织幼儿分批、排队接水，接水后移动到不影响其他幼儿排队、接水的区域喝水。对托、小班，在指导婴幼儿分组、排队接水后，让他们到自己的小椅子上坐着喝水。

8. 关注婴幼儿饮水时的心理感受

（1）打翻水时，不能呵斥或指责，而应安抚他。对于大年龄幼儿也可以尝试让他自己清理水渍，培养孩子的责任感。

（2）不爱喝水时。了解孩子在家的饮水情况，与家长沟通，家园共育。如有的孩子因不习惯用幼儿园的水杯，可以请家长把孩子习惯用的喝水壶带来使用，以帮助孩子逐步过渡到使用水杯。

如果孩子觉得水不好喝，没有味道，可以正向鼓励孩子，并循序渐进地引导。当孩子尝试喝第一口水的时候可以鼓励并大声表扬孩子。

9. 指导婴幼儿洗手

（1）洗手的动作要领

1）洗手前将长袖变短袖。

2）洗手时小手放低，不玩水，不弄湿衣服。

（2）保育指导

1）水龙头位置应略低，以免水倒流弄湿孩子衣袖。

2）婴幼儿洗手过程中，保育员应做到全面照顾、及时监督、仔细检查。

10. 指导婴幼儿刷牙、漱口

（1）刷牙、漱口的动作要领

1）将适量的牙膏（以黄豆粒大小为宜）挤到牙刷上，牙缸里接满温水（水温在 35 ℃ 左右）。

2）漱口湿润口腔后，将放有牙膏的牙刷在牙缸里浸湿。刷牙的顺序是先由上而下刷牙齿的外面，然后由左向右刷牙齿的咬合面，最后刷牙齿的里面。每个部位要重复刷 8~10 次，按顺序从里向外刷干净。

刷牙后彻底漱口，并将牙刷洗干净，最后将牙刷柄向下放入牙缸中。

（2）保育指导

1）提醒孩子牙膏不要挤得太多。

2）刷牙的时间应控制在 3 min 左右。

3）对于刷牙动作不正确的孩子，保育员应及时给予纠正。

4）使用儿童专用牙刷和牙膏，也可使用儿童专用电动牙刷，注意电动牙刷的日常卫生保洁。

11. 指导婴幼儿洗脸

（1）洗脸的动作要领

1）清洗脸盆，倒入适量的温水（水温一般在 35~40 ℃），将干净的个人专用毛巾放到盆中浸湿。

2）拧干毛巾并展开，用毛巾的四个角分别擦拭里、外眼角，鼻孔下方，耳朵（包括耳郭和耳孔）等部位。

3）清洗毛巾后依次擦拭前额、脸颊、口周、下巴、脖子等部位。

4）清洗完毕，涂擦婴儿润肤油以保持皮肤湿润。

（2）保育指导

1）婴幼儿洗脸通常以早、晚各一次为宜。

2）指导婴幼儿掌握洗脸的动作要轻柔、流畅。

3）对婴幼儿洗脸时容易遗忘或不容易清洗的部位（如眼角、脖子、鼻孔下方和耳朵），保育员要给予提醒或帮助。

12. 指导婴幼儿洗脚

（1）洗脚动作要领

1）将适宜的温水（夏季水温在 38~40 ℃，冬季水温在 45~50 ℃）倒入个人专用洗脚盆中。水量一般以整个脚面都浸泡在水中、水面到达脚踝部位为宜。

2）婴幼儿坐在高度适宜的板凳上，将裤腿挽起至膝盖处，脱掉袜子，双脚放置盆中浸泡 3~5 min。

3）用手揉搓脚面、脚心、脚趾、脚踝等部位。

4）清洗干净，用个人专用擦脚巾将双脚的水渍擦干。

（2）保育指导

1）保育员要提醒孩子将脚趾缝擦干，注意保暖。

2）调节温水时应先加冷水再加热水，以防烫伤孩子。

3）婴幼儿喜欢玩水，保育员可适当满足其心理需求，但需要在成人视线之下，避免危险。

13. 为婴幼儿洗头

（1）洗头的动作要领

1）将婴儿洗发水、毛巾、梳子等物品准备就绪，将适宜的温水倒入脸盆里。

2）对较小的孩子，保育员要先将孩子抱起，仰面向上。对于较大的孩子，可以让其自己站立，弯腰低头。保育员用毛巾将孩子的头发浸湿后，涂抹婴儿洗发水，双手轻轻揉搓头发，直至出泡沫。

3）用清水将头发冲洗干净后，用干爽的毛巾将孩子的头发擦干。

（2）保育指导

1）事先使用手腕内侧皮肤试温，过程中手不离水，避免烫伤。

2）孩子采取站立姿势时，保育员应指导孩子用毛巾蒙住双眼以防止水或洗发水进入眼睛。

3）操作期间注意孩子的情绪，如有哭闹、不适等情况，及时停止。

4）注意地面防滑，避免摔倒。

14. 婴幼儿洗澡

（1）给婴幼儿洗盆浴的动作要领。3岁以前的婴儿可以洗盆浴。

1）在洗浴之前，将洗澡盆清洗干净，准备好婴儿的毛巾和大浴巾、洗浴用品、换洗的干净衣服、温度适宜的洗澡水等。

2）再次试水温，合适后可以让婴儿躺在浴盆的防护网垫上（随着年龄的长大可尝试坐在浴盆中），用柔软洁净的毛巾清洗婴儿的脸、前胸、后背、双腿及双脚。然后将婴儿沐浴露滴在浴花上，搓出泡沫后给婴儿擦拭全身，重点清洗脖子、腋窝、大腿根、外阴、脚踝等皮肤褶皱多的部位。

3）用清水将泡沫冲洗干净，用大浴巾将婴儿的全身擦干，穿上干净的衣服。

（2）指导幼儿洗淋浴的要领。3岁以后的幼儿可以在保育员的指导下洗淋浴。

1）帮助幼儿将淋浴的水温调节适中，指导幼儿先将身体淋湿，用双手搓拭全身，重点搓脖子、腋窝、大腿根、脚踝等容易存留污垢的部位。

2）指导幼儿用清水冲洗身上的污垢后，全身涂上婴儿沐浴露。

3）指导幼儿用清水将全身冲洗干净，用浴巾擦干身体。

（3）保育指导

1）水温应控制在 38~40 ℃，室温应在 24~28 ℃。

2）婴幼儿洗澡的时间不要过长，以 5~10 min 为宜。保育员的手始终保持在流动水下，确保水温无异常，避免烫伤的发生。

3）夏季洗完澡后可以在孩子的颈部、腋窝、大腿根等褶皱较多的部位涂抹婴儿爽身粉以去痱止痒，冬季洗完澡后可以给孩子的身体涂抹润肤油，以防止皮肤干裂。

4）婴幼儿洗澡间隔的时间，秋冬季节以一周一次为宜，炎热的夏季可以根据实际情况每天清洗 1~2 次，保证孩子皮肤的清爽。

15. 指导婴幼儿如厕

（1）指导婴幼儿如厕的要领

1）可以让会走路的孩子采取蹲厕方式，保育员应指导其掌握正确的姿势：双脚劈开，双脚间的距离略宽于便池；双手抓住裤腰用力往下脱至膝盖处，下蹲；排泄完之后，双手抓住裤腰，将裤子提好。

2）男孩小便时，将裤子脱至大腿根处即可，提醒他们要掌握好距离，不要尿到便池外面。

（2）注意事项

1）孩子大小便异常时，需要第一时间与家长沟通，排除异常。

2）发现孩子有排尿、排便的迹象后，应及时指导他排泄，并对成功排尿、排便给予表扬和鼓励，以增强其对排尿、排便的自信心。

3）对偶尔不小心大小便在身上或尿床的孩子应给予理解，切不可指责，消除其因排泄失误而造成的紧张感，稳定孩子的情绪，增强独立排泄的信心。

16. 指导婴幼儿穿脱衣物

（1）穿衣物的顺序：先穿上衣，再穿裤子、袜子、鞋子。

（2）脱衣物的顺序：先脱鞋子、袜子、裤子，再脱上衣。

从上到下检查，整理领口、袖口、裤口、扣子、鞋带等。

17. 指导婴幼儿整理衣物

（1）协助托班、小班孩子整理衣物

1）协助整理上衣、领子，检查纽扣、袖口。

2）协助托班孩子包肚子，可以鼓励小班孩子自己尝试包肚子。

3）检查裤子的正反面。

4）检查鞋子左右脚是否穿对，帮助系鞋带。

（2）指导中、大班孩子整理衣物

1）引导孩子自己检查上衣（整理领子，检查纽扣、袖口）。

2）引导孩子自己包肚子。

3）引导孩子自己检查裤子的正反面。

4）引导孩子自己检查鞋子。

5）引导孩子自己系鞋带。

18. 培养婴幼儿独立就寝的习惯

保育员应有耐心，遵循循序渐进的原则，慢慢培养婴幼儿独立入睡的习惯。可以坐下来轻拍孩子，使其情绪放松，逐渐对新环境产生安全感，陪伴他入睡。当孩子慢慢适应新环境后，可逐渐减少陪伴次数，直至孩子能够独立入睡。

19. 培养婴幼儿按时睡眠、按时起床的习惯

需要家长的密切配合，力求做到家园步调一致。尤其是在节假日，如果条件具备，提醒家长最好也要按照托幼机构的作息制度安排孩子的活动。

20. 指导婴幼儿独立就寝

（1）环境创设

1）提前拉上窗帘，保持室内光线柔和。

2）根据室温开启空调，注意观察室温、调整风向等。

3）可播放轻柔温和的音乐，营造有助于婴幼儿入眠的氛围。

（2）就寝前提醒婴幼儿先如厕。

（3）指导婴幼儿按时脱衣上床。

21. 婴幼儿遗尿的原因

（1）精神因素。白天的活动量过大，造成身体疲劳或神经兴奋；受到惊吓、恐惧、焦虑等强大的精神刺激；偶尔一次尿床后就受到成人的呵斥甚至体罚。

（2）排尿习惯训练不当。有些家长为了图省事，不注意对孩子的大小便进行训练，长期使用尿布，夜间也不提醒孩子排尿，久而久之，使孩子无法养成自己控制排尿的习惯。而有的家长虽然能唤醒孩子，但孩子在便盆上排尿时注意力不集中、边玩边排，这样也不能让孩子建立便盆与排尿之间的条件反射。

（3）睡眠过沉。

（4）生理因素。有些孩子的膀胱发育迟缓，膀胱容量小，排尿次数相对增多，这种生理因素很容易导致遗尿。

（5）疾病因素。有些疾病，如泌尿系统畸形、尿路感染、脊柱裂、骶部神经障碍、癫痫、大脑发育不全等，会引起婴幼儿遗尿。这种由器质性疾病引起的婴幼儿遗尿并不多见。

（6）遗传因素。如果父母双方小时候有遗尿症状，其子女遗尿的发病率相对较高。

22. 婴幼儿遗尿后的处理

（1）唤醒孩子。

（2）换上干净的衣裤。

（3）抱到干净的床上。

（4）安抚孩子再次入睡。

（5）及时处理（拆洗）污染衣裤、被褥。

理论知识辅导练习题

一、判断题（下列判断正确的请在括号中打"√"，错误的请在括号内打"×"）

1. 肉、禽、鱼、奶、蛋类等的主要营养成分为蛋白质、脂肪、无机盐、维生素 A、B 族维生素等。（　　）

2. 容易引起食物过敏的食物主要有鸡蛋、牛奶、小麦、鱼、坚果、贝壳类，共六大类。
（　　）

3. 食物过敏是指由食物蛋白引起的异常或过强的异常反应。（　　）

4. 食物过敏最多见于 3 岁以下婴儿。（　　）

5. 就餐时播放轻缓的背景音乐比较适宜。（　　）

6. 良好的进餐环境可使婴幼儿慢慢进食。（　　）

7. 婴幼儿正确的进餐姿势是：身体坐正，靠近餐桌，一手拿勺子或筷子。（　　）

8. 膳食能维持婴幼儿正常的生长和发育。（　　）

9. 水的各种成分可调节婴幼儿身体生理功能。（　　）

10. 瓜果、根茎菜、鲜豆属于蔬果类食物。（　　）

11. 食用糖属于热能性类食物。（　　）

12. 奶类含有碳水化合物营养成分。（　　）

13. 植物油含有碳水化合物营养成分。（　　）

14. 对于年龄适中的孩子可采用拟人化的语气或语句介绍饭菜，尽量浅显易懂。（　　）

15. 一个与同伴融洽、师生积极互动的空间，可促进婴幼儿身心和谐健康发展。（　　）

16. 托幼机构的饮食都是营养配餐，有利于婴幼儿合理摄入各种营养素。（　　）

17. 饮水的温度一般与室温一致为宜，可根据季节不同作调整。（　　）

18. 在激烈运动后，如幼儿需要喝水，应引导其立即大量饮水。（　　）

19. 在组织饮水过程中，对中、大班应组织幼儿分批、排队接水。（　　）

20. 在发生打翻水杯时，不可以让孩子自己尝试清理水渍。（　　）

21. 婴幼儿一天的饮水量应不少于 600 mL。（   ）
22. 在发生打翻水杯时，一定要先训斥孩子，待孩子的情绪平稳后，及时清洁地面，保持干燥，以防发生滑倒摔伤事故。（   ）
23. 为了解水温的适宜性，每次在婴幼儿饮水前，需要保育员用手腕内侧试温，也可准备专用测温杯接取并用中心温度计测量水温，以确保水温的安全。（   ）
24. 在饮水前，应组织婴幼儿分组洗手，用洗手液、流动水冲洗，避免细菌、脏物入口，培养良好的卫生习惯。（   ）
25. 婴幼儿不喜欢喝水有许多原因，保育员首先应了解孩子在家的饮水情况，如在家中没有良好的饮水习惯，可与家长沟通，家园共育。（   ）
26. 婴幼儿若觉得水不好喝、没有味道，可以不喝。（   ）
27. 对睡姿不正确的孩子，应注意与家长沟通和配合，帮助孩子形成正确的睡姿。（   ）
28. 有的孩子因不习惯用幼儿园的水杯，习惯用自己喜爱的水壶喝水，可以暂时带自己的水壶，以帮助孩子逐步过渡到使用水杯。（   ）
29. 洗手过程中水龙头位置不需要比婴幼儿略低。（   ）
30. 婴幼儿刷牙时，牙膏的量为黄豆粒大小。（   ）
31. 婴幼儿需要早中晚各洗脸一次。（   ）
32. 洗脚时，需要孩子用手揉搓脚面、脚心、脚趾、脚踝等部位。（   ）
33. 3~6 岁幼儿不可以使用成人洗发水。（   ）
34. 夏季应每天洗澡 2~3 次，保证婴幼儿皮肤的干爽。（   ）
35. 孩子成功排尿，保育员应予以表扬和鼓励。（   ）
36. 对不会穿衣服的孩子，保育员不可以完全代劳。（   ）
37. 幼儿可以站在床上脱裤子。（   ）
38. 夏天，家长可以为孩子准备棉或者丝绸的衣服，材质透气、柔软并且可以吸汗。（   ）
39. 中、大班幼儿整理衣物的步骤是：检查上衣（整理领子，检查纽扣、袖口），检查包肚子，检查裤子的正反面，检查鞋子，老师帮助系鞋带。（   ）
40. 中、大班幼儿穿鞋很容易左右脚穿反。（   ）
41. 2 岁以后的婴儿可以淋浴。（   ）
42. 整理衣物的顺序是从上至下。（   ）
43. 保育员要鼓励引导幼儿自己穿脱衣服。对于年龄较小、能力较弱的婴儿，保育员应在穿脱困难时给予帮助。（   ）

44. 3岁以下婴儿不需要学会使用蹲厕。（ ）

45. 培养婴幼儿随需睡眠的习惯，需要家长的密切配合，力求做到家园步调一致。（ ）

46. 春夏季节，婴幼儿睡觉时会因缺钙或被褥太厚而出汗，如果穿衣服睡觉，起床后很容易伤风感冒。（ ）

47. 睡姿正确与否对于婴幼儿的睡眠质量没有影响。（ ）

48. 婴幼儿入睡后，大脑会分泌出大量生长激素，对婴幼儿身体发育起到促进作用。（ ）

49. 3~6岁幼儿夜晚所需睡眠时间为7~8 h。（ ）

50. 在排尿习惯训练过程中，如果孩子在便盆上排尿时注意力不集中，边玩边排，这样会影响建立便盆与排尿之间的条件反射。（ ）

51. 遗尿的孩子睡眠时睡得很沉，不容易被唤醒，即便被唤醒了，大脑也处于无意识状态，在这种情况下大脑不能接收来自膀胱的尿意，从而导致遗尿。（ ）

52. 只有加强大小便训练才能预防婴幼儿遗尿问题。（ ）

53. 保育员可采用推测的方法确定孩子尿床的具体时间。（ ）

54. 白天婴幼儿的活动量不宜过大，不要玩过于刺激的游戏，养成早睡早起的作息规律，这样可以使婴幼儿的神经系统保持相对安静，有利于睡眠和适时排尿。（ ）

55. 一般来说，初入托幼机构的婴幼儿，开始时往往难以独立入睡。（ ）

56. 培养婴幼儿按时睡眠、按时起床的习惯，需要婴幼儿的密切配合，力求做到家园步调一致。（ ）

57. 入睡前无须指导婴幼儿将外衣、袜子脱下并整齐地放在指定的位置。（ ）

58. 正确的睡姿对提高婴幼儿的睡眠质量很重要，应指导婴幼儿不趴卧、不跪卧、不蒙头睡觉。（ ）

59. 对待入睡晚的孩子，保育员的态度要亲切柔和、温和坚定，不能大声训斥，更不能体罚。（ ）

60. 刷牙的正确顺序是外面→里面→咬合面。（ ）

二、单项选择题（下列每题有4个选项，其中只有1个是正确的，请将其代号填写在横线空白处）

1. 蔬菜与水果类的主要营养成分包含纤维素、_____、胡萝卜素、维生素等。

  A. 无机盐   B. 碳水化合物

  C. 脂肪   D. 蛋白质

2. _____富含蛋白质营养。

A. 米、肉、鲜豆 B. 面、奶、大豆
   C. 杂粮、植物油、干豆类 D. 面、蛋类、叶菜

3. _____游戏可使婴幼儿了解中华菜名中蕴含的文化，也可熟悉食物烹饪手法。
   A. 图片暗示 B. 儿歌提醒
   C. 报菜名猜食物 D. 谜语活动

4. 小麦是_____的引起食物过敏的食物。
   A. 常见 B. 不常见
   C. 最多 D. 很少

5. 3岁幼儿的食物烹调方法适宜用_____。
   A. 细丝、小片，蒸炒皆可 B. 细丝、小片，可蒸不可炒
   C. 碎末、泥状，蒸炒皆可 D. 较大块、炒烩

6. 婴幼儿摄取膳食中的营养物质可维持身体的正常_____。
   A. 生长 B. 发育
   C. 生长与发育 D. 成长

7. 米、面、杂粮属于_____。
   A. 动物类 B. 谷物类
   C. 热能性类 D. 蔬果类

8. 含有蛋白质营养成分的食物类别有_____。
   A. 谷物类、动物类 B. 谷物类、豆类及其制品
   C. 动物类、豆类及其制品 D. 谷物类、动物类、豆类及其制品

9. 含有无机盐营养的食物有_____。
   A. 黄豆、青菜 B. 绿豆、大米
   C. 红豆、大米 D. 黑豆、红薯

10. 植物油含有_____营养成分。
    A. 脂肪、蛋白质 B. 脂肪、碳水化合物
    C. 蛋白质、碳水化合物 D. 蛋白质

11. 全球食物过敏的发生率呈_____的趋势。
    A. 平稳 B. 逐渐增多
    C. 逐渐减少 D. 不明确

12. _____均有引起过敏的可能。
    A. 鸡蛋、牛奶、小麦 B. 花生、大豆、鱼
    C. 坚果和贝壳类 D. 任何食物

13. 室温＿＿＿＿会使婴幼儿烦躁，降低婴幼儿食欲。
　　A. 过低　　　　　　　　　B. 适宜
　　C. 过高　　　　　　　　　D. 不稳定

14. 进餐时多余人员走动或说话会转移婴幼儿的注意力，＿＿＿＿食量。
　　A. 减少　　　　　　　　　B. 增加
　　C. 均衡　　　　　　　　　D. 不清楚

15. 常见的引起食物过敏的食物主要有＿＿＿＿大类。
　　A. 五　　　　　　　　　　B. 六
　　C. 七　　　　　　　　　　D. 八

16. 婴幼儿进餐时间以每餐＿＿＿＿为宜。
　　A. 15～30 min　　　　　　B. 20～30 min
　　C. 尽快吃完　　　　　　　D. 不限时间，尽量吃完

17. ＿＿＿＿的进餐环境可使婴幼儿专心进食，养成良好进餐习惯，创造自我服务的机会。
　　A. 吵闹　　　　　　　　　B. 无序
　　C. 良好　　　　　　　　　D. 空间狭小

18. 托幼机构的饮食都是营养配餐，有利于婴幼儿＿＿＿＿摄入各种营养素。
　　A. 尽可能少　　　　　　　B. 合理
　　C. 尽可能多　　　　　　　D. 最大化

19. 饮水的温度应根据季节不同作调整，冬季可在＿＿＿＿℃。
　　A. 40　　　　　　　　　　B. 50
　　C. 60　　　　　　　　　　D. 70

20. 婴幼儿一天的饮水量应不少于＿＿＿＿mL。
　　A. 550　　　　　　　　　 B. 600
　　C. 700　　　　　　　　　 D. 500

21. 在婴幼儿接水时，保教人员应提醒他们接＿＿＿＿杯水，饮用完可适当添加。
　　A. 1/4　　　　　　　　　 B. 1/2
　　C. 3/4　　　　　　　　　 D. 满

22. 在准备喝水杯的时候，应准备至少＿＿＿＿个备用的水杯。
　　A. 1　　　　　　　　　　 B. 2
　　C. 3　　　　　　　　　　 D. 4

23. 为控制水温，需在婴幼儿饮水前，用＿＿＿＿试温。
　　A. 手腕外侧　　　　　　　B. 手指

C. 手腕内侧　　　　　　　　D. 面部
24. 饮水的温度一般_____室温。
　　A. 高于　　　　　　　　　　B. 等于
　　C. 低于　　　　　　　　　　D. 都可以
25. 如果孩子觉得水不好喝、没有味道，可以_____。
　　A. 在水里放点糖
　　B. 在孩子尝试喝第一口水的时候鼓励并大声表扬孩子
　　C. 建议家长带孩子喜欢喝的水来园
　　D. 都可以
26. 饮水的温度可根据季节不同作调整，夏季以_____℃为宜。
　　A. 20　　　　　　　　　　　B. 50
　　C. 40　　　　　　　　　　　D. 30
27. 为了达到饮水温度的安全，保育员除了可以用手腕内侧试温，也可准备专用测温杯接取并用_____测量水温。
　　A. 试喝水　　　　　　　　　B. 手指
　　C. 体温计　　　　　　　　　D. 中心温度计
28. 在饮水前，应组织婴幼儿_____洗手，用洗手液、流动水冲洗，避免细菌、脏物入口，培养良好的卫生习惯。
　　A. 全部　　　　　　　　　　B. 零散
　　C. 一个一个　　　　　　　　D. 分组
29. 对托班、小班婴幼儿，在分组、排队接水后，可以_____喝水。
　　A. 在小椅子上坐着　　　　　B. 站着
　　C. 随意　　　　　　　　　　D. 蹲着
30. 在激烈运动后，如需要喝水，应引导婴幼儿_____。
　　A. 立即大量饮水　　　　　　B. 大口喝水
　　C. 少量饮水　　　　　　　　D. 不喝水
31. 运动后马上大量喝水会造成体内水和电解质失衡或造成肾脏、_____的负担。
　　A. 心脏　　　　　　　　　　B. 肠胃
　　C. 脾胃　　　　　　　　　　D. 胆囊
32. 在孩子不小心打翻水的时候，应_____他。
　　A. 呵斥　　　　　　　　　　B. 安抚
　　C. 指责　　　　　　　　　　D. 无视

33. 当打翻水杯时，对于大年龄幼儿可以尝试让他自己清理水渍，这样可以锻炼幼儿的_____。
    A. 责任感   B. 自信感
    C. 满足感   D. 快乐感

34. 如果孩子觉得水不好喝、没有味道，可以_____，并循序渐进地引导。
    A. 正向鼓励   B. 任其不喝
    C. 换成饮料   D. 要求喝完

35. 洗手过程中不正确的是_____。
    A. 小手放低   B. 不玩水
    C. 不弄湿衣服   D. 涂很多泡泡

36. 婴幼儿刷牙时间控制为_____ min。
    A. 2   B. 3
    C. 4   D. 5

37. 婴幼儿洗脸的适宜水温为_____℃。
    A. 20~25   B. 30~35
    C. 35~40   D. 40~45

38. 洗脚时浸泡的时间为_____ min。
    A. 1~2   B. 3~5
    C. 5~8   D. 10

39. 站姿洗头时，保育员应指导幼儿用_____蒙住双眼，防止水进入眼睛，引起不适。
    A. 衣服角   B. 双手
    C. 毛巾   D. 手臂

40. 婴幼儿洗澡时的适宜水温、室温分别为_____℃。
    A. 38~40、24~28   B. 30~35、24~28
    C. 30~35、22~26   D. 38~40、22~26

41. 幼儿蹲厕时，双手应抓住裤腰用力往下脱至_____处下蹲。
    A. 脚踝   B. 大腿
    C. 小腿   D. 膝盖

42. 穿衣物的正确顺序是_____。
    A. 上衣、裤子、袜子、鞋子   B. 裤子、袜子、鞋子、上衣
    C. 裤子、鞋子、袜子、上衣   D. 鞋子、袜子、裤子、上衣

43. 下列不属于引导幼儿观察上衣特点、区分上衣前后的选项是_____。

A. 材质 B. 图案
C. 领口 D. 衣领后方商标

44. 刷牙的正确顺序是_____。
    A. 里面→外面→咬合面 B. 外面→里面→咬合面
    C. 外面→咬合面→里面 D. 咬合面→外面→里面

45. 洗脸时，用毛巾的四个角不需要擦拭_____部位。
    A. 里外眼角 B. 脖子
    C. 鼻孔 D. 耳朵

46. 夏季，婴幼儿洗脚水温以_____℃为宜。
    A. 25～30 B. 30～35
    C. 38～40 D. 40～45

47. 幼儿洗头的方法中_____不合适。
    A. 将幼儿抱起，使仰面而上 B. 站立，弯腰低头
    C. 使用洗头的躺椅 D. 让幼儿自己洗头

48. 一般秋冬季洗澡的频率为_____。
    A. 每天一次 B. 2天一次
    C. 一周两次 D. 一周一次

49. 下列_____适合在园婴幼儿穿着。
    A. 拖地长裙 B. 帽子上有绳带的衣服
    C. 装饰物多的衣服 D. 运动裤

50. 引导婴幼儿整理衣物的方法不包括_____。
    A. 示范法 B. 直接帮助
    C. 大带小 D. 儿歌伴奏

51. 白天婴幼儿的活动量_____，养成早睡早起的作息规律，这样可以使婴幼儿的神经系统保持相对安静，有利于睡眠和适时排尿。
    A. 应当增强 B. 不宜过大
    C. 不宜过小 D. 应当减少

52. 婴幼儿睡前准备很重要，_____要清淡，不要让婴幼儿喝大量的汤或水。
    A. 午饭 B. 晚饭
    C. 午饭和晚饭 D. 零食和点心

53. 保育员要做有心人。在接新班、对班内婴幼儿情况不是很了解的情况下，可以运用_____的方法来掌握婴幼儿的具体信息。

A. 记录 B. 观察记录
C. 询问了解 D. 提前了解

54. 对于睡姿不正确的婴幼儿，应注意_____，帮助婴幼儿养成正确的睡姿。
    A. 经常提醒 B. 及时纠正
    C. 与家长沟通和配合 D. 不影响其睡眠

55. 在相对固定的时间内入睡、起床，可以使婴幼儿的_____更规律。
    A. 作息 B. 生物钟
    C. 兴趣 D. 身体发展

56. 培养婴幼儿_____的习惯，需要家长的密切配合，力求做到家园步调一致。
    A. 随需睡眠 B. 定点起床
    C. 按时睡眠、按时起床 D. 晚睡早起

57. 婴幼儿遗尿后保育员正确的操作程序是_____。
    A. 抱到干净的床上→唤醒孩子→换上干净的衣裤→安抚再次入睡→及时处理（拆洗）污染衣裤、被褥
    B. 唤醒孩子→及时处理（拆洗）污染衣裤、被褥→换上干净的衣裤→抱到干净的床上→安抚再次入睡
    C. 唤醒孩子→抱到干净的床上→换上干净的衣裤→安抚再次入睡→及时处理（拆洗）污染衣裤、被褥
    D. 唤醒孩子→换上干净的衣裤→抱到干净的床上→安抚再次入睡→及时处理（拆洗）污染衣裤、被褥

58. 以下_____不属于睡前安全检查的内容。
    A. 检查床铺 B. 检查孩子口腔
    C. 提醒取下发饰放入固定容器中 D. 即脱即睡

59. 采用推测的方法确定婴幼儿尿床的具体时间，保育员可以在婴幼儿上床_____，将手伸进被褥试探婴幼儿是否尿床并做好记录。
    A. 25 min 左右 B. 30 min 左右
    C. 35 min 后 D. 40 min 后

60. 以下_____不属于睡前指导内容。
    A. 指导脱衣准备 B. 指导叠放衣裤、鞋子
    C. 提醒小便 D. 指导叠被

61. 入睡前除了做好物品准备，还要做_____准备。
    A. 心理 B. 生理

C. 机体 D. 全身

62. 除了餐后散步，_____会让孩子觉得温暖，充分做好睡前的准备。
    A. 喝牛奶 B. 讲睡前故事
    C. 做游戏 D. 唱歌

63. 随着身体的生长发育，婴幼儿的_____动作也在不断地增加。
    A. 有意性 B. 无意性
    C. 随意性 D. 创造性

64. 睡眠时机体的_____缓慢。
    A. 血液循环 B. 骨骼生长
    C. 新陈代谢 D. 呼吸代谢

65. 晚间睡眠时，保育员可以每隔_____h唤醒婴幼儿排尿。
    A. 1~2 B. 2~3
    C. 3~4 D. 4~5

66. 睡前可以组织婴幼儿进行一些_____的活动，上床前提醒婴幼儿排尿。
    A. 比较激烈 B. 增加运动量
    C. 有趣热闹 D. 相对安静

67. _____可以很好地降低睡眠过程中的不安全因素。
    A. 睡前检查 B. 餐前漱口
    C. 餐后散步 D. 室内打扫

68. 睡眠不足会影响_____的增长。
    A. 体重 B. 身高
    C. 头围 D. 胸围

参考答案及说明

一、判断题

1.√	2.×	3.×	4.×	5.√	6.×	7.×	8.√	9.×	10.√
11.√	12.×	13.√	14.×	15.√	16.√	17.×	18.×	19.√	20.×
21.√	22.×	23.√	24.√	25.√	26.√	27.√	28.√	29.√	30.√
31.×	32.√	33.√	34.√	35.√	36.√	37.×	38.√	39.√	40.×
41.×	42.√	43.√	44.×	45.√	46.×	47.×	48.√	49.√	50.√
51.√	52.×	53.√	54.√	55.√	56.×	57.×	58.√	59.√	60.×

【说明】

2. × 最常见的引起食物过敏的食物主要有鸡蛋、牛奶、小麦、花生、大豆、鱼、坚果、贝壳类，共八大类。

3. × 食物过敏是指由食物蛋白引起的异常或过强的免疫反应。

4. × 食物过敏最多见于 2 岁以下婴儿。

6. × 良好的进餐环境可使婴幼儿专心进食。

7. × 婴幼儿正确的进餐姿势是：身体坐正，靠近餐桌，一手拿勺子或筷子、一手扶碗，专心吃饭。

9. × 膳食的各种成分可调节婴幼儿身体生理功能。

12. × 奶类含有蛋白质营养成分。

14. × 对于年龄较小的孩子可采用拟人化的语气或语句介绍饭菜，尽量浅显易懂。

18. × 在激烈运动后，应引导婴幼儿不要立即大量饮水，可少量饮用，因为运动后马上大量喝水会造成体内水和电解质失衡或造成肾脏、肠胃的负担。

20. × 在孩子不小心打翻水的时候，对于大年龄幼儿也可以尝试让他自己清理水渍，这样既可以锻炼孩子的责任感，也不会造成孩子因害怕被老师批评而手足无措。

22. × 不能训斥孩子，应先安抚孩子的情绪后，及时清洁地面，保持干燥，以防发生滑倒摔伤事故。

26. × 如果孩子觉得水不好喝、没有味道，可以正向鼓励孩子，并循序渐进地引导。

29. × 洗手时，水龙头位置应比孩子略低，以免水倒流弄湿孩子衣袖。

31. × 婴幼儿洗脸通常以早、晚各一次为宜。

34. × 婴幼儿洗澡间隔的时间，秋冬季节以一周一次为宜，炎热的夏季可以根据实际情况每天洗 1~2 次，保证婴幼儿皮肤的清爽。

37. × 幼儿站在床上脱裤子容易摔跤，应坐在小床上脱裤子，保育员应正确指导。

39. × 中、大班幼儿整理衣物的步骤是：引导幼儿自己检查上衣（整理领子，检查纽扣、袖口），引导幼儿检查包肚子，检查裤子的正反面，检查鞋子，引导幼儿系鞋带。

40. × 托、小班婴幼儿穿鞋很容易左右脚穿反。

41. × 3 岁以后的幼儿可以淋浴。

44. × 可以让会走路的婴幼儿采取蹲厕方式，保育员应指导其掌握正确的姿势。

46. × 秋冬季节，婴幼儿睡觉时会因缺钙或被褥太厚而出汗，如果穿衣服睡觉，起床后很容易伤风感冒。

47. × 养成正确的睡姿对于提高婴幼儿的睡眠质量很重要。

49. × 3~6 岁幼儿夜晚所需睡眠时间为 9~10 h。

52. ×　加强婴幼儿的大小便训练是预防遗尿症的基本措施。

56. ×　培养婴幼儿按时睡眠、按时起床的习惯，需要家长的密切配合，力求做到家园步调一致。

57. ×　入睡前需要指导婴幼儿将外衣、袜子脱下并整齐地放在指定的位置。

60. ×　刷牙的正确顺序是外面→咬合面→里面。

二、单项选择题

1. A　解析：蔬菜与水果类的主要营养成分包含纤维素、无机盐、胡萝卜素、维生素等。

2. B　解析：蔬菜与水果类包含鲜豆、根茎菜、叶菜、茄果，热能性类包括植物油、食用糖等，这两类食物是不含蛋白质的。

3. C　解析：报菜名猜食物既可使婴幼儿了解中华菜名中蕴含的文化，也可熟悉食物烹饪手法。

4. A　解析：小麦是常见的引起食物过敏的食物。

5. A　解析：3岁幼儿的食物烹调方法适宜用细丝、小片，蒸炒皆可。

6. C　解析：婴幼儿摄取膳食中的营养物质可维持身体的正常生长与发育。

7. B　解析：米、面、杂粮属于谷物类。

8. D　解析：含有蛋白质营养成分的食物类别有谷物类、动物类、豆类及其制品，蔬菜与水果类、热能性类食物不含蛋白质。

9. A　解析：含有无机盐营养的食物有动物类、豆制品类和蔬果类，谷物类、热能性类食物不含无机盐。

10. B　解析：植物油含有脂肪、碳水化合物但不含蛋白质。

11. B　解析：全球食物过敏的发生率呈逐渐增多的趋势。

12. D　解析：任何食物均有引起过敏的可能。

13. A　解析：室温过低会使婴幼儿烦躁，降低婴幼儿食欲，所以要保持适宜的室温。

14. A　解析：进餐时多余人员走动或说话会转移婴幼儿的注意力，减少食量，所以要创造良好的进餐环境，减少干扰因素。

15. D　解析：常见的引起食物过敏的食物主要有八大类。

16. B　解析：婴幼儿进餐时间以每餐20~30 min为宜。

17. C　解析：良好的进餐环境可使婴幼儿专心进食，养成良好进餐习惯，创造自我服务的机会。

18. B　解析：托幼机构的饮食都是营养配餐，有利于婴幼儿合理摄入各种营养素。

19. A　解析：饮水的温度一般与室温一致为宜，可根据季节不同作调整，冬季控制在

40 ℃左右，夏季水温可低一些，控制水温以注意安全为关键。

20. B　解析：婴幼儿一天的饮水量应不少于 600 mL，可定时组织喝水，也可按需饮水。

21. B　解析：在婴幼儿接水时，保育员应提醒他们接半杯水，饮用完可适当添加，以防止因水接得过多而洒到地面，出现安全隐患，同时也可防止浪费水的现象发生。

22. A　解析：应至少准备 1 个备用的水杯，在孩子打翻水杯时给予更换。打翻的水杯在组织饮水结束后，要清洗消毒。

23. C　解析：为了解水温的适宜性，每次在婴幼儿饮水前，需要保育员用手腕内侧试温，也可准备专用测温杯接取并用中心温度计测量水温，以保持水温的安全。

24. B　解析：饮水的温度一般与室温一致为宜，可根据季节不同而作调整。

25. B　解析：如果孩子觉得水不好喝、没有味道，可以正向鼓励孩子，并循序渐进地引导，当孩子尝试喝第一口水的时候可以鼓励并大声表扬孩子。

26. A　解析：可根据季节不同作调整，夏季水温可控制在 20 ℃左右。

27. D　解析：为了达到饮水温度的安全，保育员除了可以用手腕内侧试温，也可准备专用测温杯接取并用中心温度计测量水温。

28. D　解析：在饮水前，应组织婴幼儿分组有序洗手，培养良好的卫生习惯。

29. A　解析：对托、小班婴幼儿，在指导他们分组、排队接水后，可让他们到自己的小椅子上坐着喝水。

30. C　解析：在激烈运动后，如需要喝水，应引导婴幼儿不立即大量饮水，可少量饮用。

31. B　解析：运动后马上大量喝水会造成体内水电失衡或造成肾脏、肠胃的负担。

32. B　解析：在孩子不小心打翻水的时候，不能呵斥或指责他，而应及时安抚。

33. A　解析：当孩子打翻水杯时，对于大年龄孩子可以尝试让他自己清理水渍，这样可以锻炼孩子的责任感。

34. A。

35. D　解析：正确做法是洗手前将长袖变短袖，洗手时小手放低，不玩水，不弄湿衣服。

36. B　解析：刷牙的时间应控制在 3 min 左右。

37. C　解析：洗脸时，倒入适量的温水（水温一般在 35~40 ℃）。

38. B　解析：婴幼儿洗脚时应坐在高度适宜的板凳上，将裤腿挽起至膝盖处，脱掉袜子，双脚放置盆中浸泡 3~5 min。

39. C　解析：孩子采取站立姿势洗头时，保育员应指导孩子用毛巾蒙住双眼以防止水或洗发水进入眼睛。

40. A 解析：婴幼儿洗澡的水温应控制在 38~40 ℃，室温应在 24~28 ℃。

41. D 解析：幼儿如厕时，双手应抓住裤腰用力往下脱至膝盖处，下蹲。

42. A 解析：穿衣物的顺序是先穿上衣，再穿裤子、袜子、鞋子。

43. A 解析：衣物材质不属于引导幼儿观察上衣特点、区分上衣前后的内容。

44. C 解析：刷牙的正确顺序是先由上而下刷牙齿的外面，然后由左向右刷牙齿的咬合面，最后刷牙齿的里面。

45. B 解析：洗脸时，拧干毛巾并展开，用毛巾的四个角分别擦拭里、外眼角，鼻孔下方，耳朵（包括耳郭和耳孔）等部位。

46. C 解析：洗脚夏季适宜水温在 38~40 ℃，冬季适宜水温在 45~50 ℃。

47. D 解析：幼儿不具备个人独立洗头的技能，需要在成人的协助下完成。

48. D 解析：婴幼儿洗澡的间隔，秋冬季节以一周一次为宜，炎热的夏季可以根据实际情况每天清洗 1~2 次。

49. D 解析：运动裤适合婴幼儿在园穿着，方便穿脱、运动。

50. B 解析：对于年龄较小、能力较弱的婴幼儿，保育员应在穿脱困难时给予帮助，但不能代替。

51. B 解析：婴幼儿白天的活动量过大，造成身体疲劳或神经兴奋，容易产生遗尿；当婴幼儿受到惊吓、恐惧、焦虑等强大的精神刺激时，容易导致遗尿。

52. B 解析：睡觉前不要让婴幼儿喝大量的水，上床之前，提醒婴幼儿小便，将膀胱中的尿液排空，否则可能会因膀胱充盈有尿意而影响睡眠质量。

53. B 解析：在接新班、对班内婴幼儿情况不是很了解的情况下，保育员可以运用观察记录的方法来掌握婴幼儿的具体信息。

54. C 解析：培养婴幼儿按时睡眠、按时起床的习惯，需要家长的密切配合，力求做到家园步调一致。

55. B 解析：养成良好的作息习惯，使婴幼儿有规律的生物钟，有助于婴幼儿身心健康发展。

56. C

57. C

58. D 解析：睡前安全检查非常重要，不能即脱即睡。

59. D 解析：通常情况下，婴幼儿喝水后约半小时排尿，可按这一规律在孩子上床后 40 min 试探并做记录。

60. D 解析：起床后应指导中班、大班的孩子叠被、整理床铺。

61. B 解析：入睡前除了做好物品准备，还要做好心理准备。

62. B 解析：除了餐后散步，讲睡前故事也会让孩子觉得温暖，充分做好睡前的准备。

63. A

64. C

65. B

66. D

67. A

68. B 解析：在婴幼儿期睡眠不足往往会带来一系列危害，如影响身高增长、免疫功能成熟，还会影响大脑发育，甚至影响情绪及认知行为。

技能操作辅导练习题

【题目1】介绍饭菜的营养特点

1. 考场准备

(1) 本题分值：10分

(2) 考核时间：5 min。

(3) 考核形式：模拟操作+口述。

(4) 设备设施准备：肉类道具3种、菜类道具5种、谷物类道具3种、不锈钢盘1个。

2. 考核要求及注意事项

(1) 根据年龄段选择合适的方式介绍饭菜营养。

(2) 按考核点要求依次进行，时间一到立即停止操作，操作超过5 min本题零分。

3. 考核目的

保育员熟悉食物的营养成分，能够使用恰当的方式介绍饭菜，关注过敏儿。

4. 评分项目及标准

评分项目	考核要点	配分	评分标准
1. 操作准备	(1) 根据不同年龄段介绍饭菜（1分） (2) 根据孩子实际情况介绍饭菜（1分）	2分	错、漏一项扣1分
2. 介绍饭菜	(1) 通过情景言语介绍：对于年龄较小的婴儿可采用拟人化的语气或语句介绍饭菜（1分） (2) 通过游戏活动介绍：开展猜谜语活动猜菜名，可充分满足婴幼儿好奇心和求知欲（1分） (3) 报菜名猜食物（1分）	3分	未正确操作演示、漏项，每项扣1分

续表

评分项目	考核要点	配分	评分标准
3. 关注过敏儿	（1）了解常见易引起过敏的食物（1分） （2）关注过敏儿，并更换替餐（1分） （3）引导婴幼儿不挑食不偏食，对易引起挑食的食物，着重讲解营养（1分）	3分	错、漏一项扣1分
4. 口述注意事项	（1）根据父母提供的信息确认食物过敏儿的过敏食物，必要时请父母提供专科医生的诊断，牢记并在儿童餐桌上做好标记。在出现过敏食物时，应替换菜品（1分） （2）对于不愿进食、挑食的孩子应予以正面教育，鼓励尝试，不强迫进食（1分）	2分	错、漏一项扣1分
合计		10分	

【题目2】婴幼儿进餐中不同情况的保育护理

1. 考场准备

（1）本题分值：10分。

（2）考核时间：5 min。

（3）考核形式：模拟操作。

（4）设备设施准备：肉类道具3种、菜类道具5种、奶类道具1种、蛋类道具1种、水果类道具2种、高脂肪类道具2种、高热量类道具3种。

2. 考核要求及注意事项

（1）根据进餐中的不同情况，操作演示对挑食儿、体弱儿、肥胖儿进行保育。

（2）按考核点要求依次进行，时间一到立即停止操作，操作超过5 min本题零分。

3. 考核目的

保育员对进餐中不同情况婴幼儿的保育护理。

4. 评分项目及标准

评分项目	考核要点	配分	评分标准
1. 挑食儿的保育	（1）确认挑食儿（0.5分） （2）进餐安排座位时让挑食儿和不挑食儿在一起吃（0.5分） （3）遇到挑食儿不喜爱吃的菜，先介绍菜的营养，要求其先尝一点试一试，吃了及时表扬（1分） （4）以不同形式教育（讲故事、听儿歌等），同时以身作则，逐步培养其不挑食的习惯（1分）	3分	错、漏一项扣相应分值

续表

评分项目	考核要点	配分	评分标准
2. 体弱儿的保育	（1）了解体弱儿的病因，包括贫血、反复呼吸道感染、营养不良、佝偻病、哮喘、心脏病等（0.5分） （2）进餐时将体弱儿的座位安排在食欲好的孩子旁边，培养体弱儿进餐的良好习惯（0.5分） （3）对胃口小、进餐速度慢的体弱儿安排先吃（1分） （4）饭菜少盛多添，鼓励体弱儿多吃，吃完及时表扬（1分）	3分	错、漏一项扣相应分值
3. 肥胖儿的保育	（1）正确识别肥胖儿不宜进食的几种食物：油炸食品、肥肉、巧克力糖、甜饮料等（1分） （2）控制肥胖儿的饮食量，主食不超量（不鼓励添饭，只添蔬菜）（1分） （3）引导肥胖儿细嚼慢咽（先喝汤增加饱腹感）（1分）	3分	错、漏一项扣相应分值
4. 家园沟通	家园互相配合，家园一致调整膳食（1分）	1分	错、漏扣相应分值
合计		10分	

【题目3】指导幼儿独立自主进餐

1. 考场准备

（1）本题分值：10分。

（2）考核时间：5 min。

（3）考核形式：模拟操作+口述。

（4）设备设施准备：食物模型、餐桌、餐椅、餐桌布、餐巾纸、擦嘴巾、水杯、模拟人。

2. 考核要求及注意事项

（1）口述培养幼儿独立进餐习惯的方法，操作演示组织幼儿自助服务和餐后清洁。

（2）按考核点要求依次进行，时间一到立即停止操作，操作超过5 min本题零分。

3. 考核目的

保育员掌握正确进餐习惯，并为幼儿做出正确的示范，根据情况给予不同程度的指导。

4. 评分项目及标准

评分项目	考核要点	配分	评分标准
1. 口述培养独立进餐习惯的方法	（1）培养进餐独立性：给孩子提供更多的动手机会，在体验中培养孩子的独立性（1分） （2）陪伴指导进餐：陪伴进餐，提醒孩子端正坐姿、细嚼慢咽，进餐时不说话，保持安静（1分） （3）提醒注意进餐卫生：提醒孩子专心吃饭，如遇生理性反应如咳嗽、打喷嚏等应避开旁人，遮挡口鼻（1分）	3分	错、漏一项扣1分

续表

评分项目	考核要点	配分	评分标准
2. 组织幼儿自助服务演示	（1）以小组为单位，组织幼儿有序排队到取餐具处自行拿餐具，再依次有序到取餐处取餐。取餐中指导幼儿学会用公勺或夹子取食物，自取食物时要按顺序拿取，不可拿太多，吃完再拿，避免浪费（1分） （2）观察进餐情况，对拿取食物量少的孩子可通过语言提示他吃完盘中食物后再去拿取（1分） （3）如果食物中有易引起过敏食物，当过敏儿拿取时要提示换其他替代食物（1分）	3分	未正确操作演示、漏项，每项扣1分
3. 组织餐后清洁演示	（1）进餐完毕后，引导孩子将餐具送还到指定位置（1分） （2）指导孩子用餐桌布擦拭清洁自己位置上的食物残渣，然后用餐巾纸或擦嘴毛巾将嘴和手擦拭干净后漱口（1分）	2分	未正确操作演示、漏项，每项扣1分
4. 口述注意事项	（1）关注挑食和不愿进餐的孩子，不强迫孩子进食（0.5分） （2）进餐时不批评、不催促、不比赛（0.5分） （3）了解孩子在家的进餐习惯，观察孩子们的进餐情绪、进餐速度以及对食物的偏好，根据孩子的反应给予具体指导（1分）	2分	出现错、漏扣相应分值
合计		10分	

【题目4】婴幼儿饮水过程中打翻水杯的处理

1. 考场准备

（1）本题分值：10分。

（2）考核时间：5 min。

（3）考核形式：实操。

（4）设备设施准备：水杯、备用水杯、教室干拖把、餐巾纸。

2. 考核要求及注意事项

（1）能及时安抚孩子情绪并能用正面的语言表述。

（2）为孩子及时更换水杯。

（3）及时处理地面水渍，做好安全工作。

（4）操作完成，物品归位。

（5）按考核点要求依次进行，时间一到立即停止操作，操作超过5 min本题零分。

3. 考核目的

保育员正确处理婴幼儿打翻水杯的情况。

4. 评分项目及标准

评分项目	考核要点	配分	评分标准
1. 安抚孩子	（1）及时安抚孩子的情绪，告诉他不小心打翻杯子没关系（1分） （2）不训斥孩子（1分） （3）告诉孩子拿杯子时需要小心拿住杯柄（1分）	3分	未正确操作演示、漏项，每项扣1分
2. 更换水杯	（1）准备至少1个备用的水杯（0.5分） （2）在孩子打翻水杯时给予更换（0.5分）	1分	未正确操作演示、漏项，每项扣0.5分
3. 地面清洁	（1）提醒附近的孩子远离打翻水杯的地方（1分） （2）及时用教室干拖把把地面的水拖干净（1分） （3）保持地面干燥，以防发生滑倒摔伤事故（1分） （4）如果是中、大班的孩子，可让孩子自己尝试用餐巾纸清理，保育员在一旁协助（1分）	4分	未正确操作演示、漏项，每项扣1分
4. 物品归位	所有物品归位（备用水杯、干拖把、餐巾纸）（2分）	2分	未正确操作演示、漏项，每处扣1分，扣完为止
合计		10分	

【题目5】 婴幼儿饮水过程中呛水的处理

1. 考场准备

（1）本题分值：10分。

（2）考核时间：5 min。

（3）考核形式：实操。

（4）设备设施准备：电话或手机。

2. 考核要求及注意事项

（1）能及时发现呛水并正确处理，安抚孩子时能用正面的语言表述。

（2）能够正确观察孩子呛咳的情况，并根据观察的情况做正确的处理。

（3）能提醒孩子正确的饮水方式，避免发生呛咳。

（4）按考核点要求依次进行，时间一到立即停止操作，操作超过 5 min 本题零分。

3. 考核目的

保育员正确处理婴幼儿呛水的情况。

4. 评分项目及标准

评分项目	考核要点	配分	评分标准
1. 及时发现并安抚	（1）及时发现呛水（1分） （2）即刻停止并安抚（1分）	2分	未正确操作演示、漏项，每项扣1分
2. 及时正确处理	（1）及时处理并观察孩子呛咳的情况（1分） （2）若出现轻微呛咳，没有出现嘴唇发紫、呼吸困难、呼吸急促或窒息等情况，保育员可采取坐位，并让孩子俯卧在自己膝上，取头低脚高位置，以利于液体从气道流出，并用手掌拍打孩子的后背，力度适当。或让孩子与自己面对面，按照从下向上的顺序轻拍孩子的胸口以及食道位置，改善呛咳的情况（2分） （3）如果发现孩子呛咳的症状没有改善，甚至出现面色苍白、嘴唇发紫、呼吸暂停及意识不清的症状，要立即打120急救电话并送医治疗（2分）	5分	未正确操作演示、漏项，每项扣相应分值
3. 防呛水护理	（1）日常注意孩子的饮水方式（1分） （2）教导孩子喝水不能过急，避免出现喝水被呛到的情况（1分）	2分	未正确操作演示、漏项，每项扣1分
4. 家园沟通	（1）与班主任做好沟通（0.5分） （2）协助做好家园沟通工作（0.5分）	1分	错、漏一项扣0.5分
合计		10分	

【题目6】协助或引导托班、小班孩子整理衣物

1. 考场准备

（1）本题分值：10分。

（2）考核时间：5 min。

（3）考核形式：模拟操作+口述。

（4）设备设施准备：模拟娃娃1个，有纽扣、翻折领子的长袖上衣1件，裤子1条，有鞋带的鞋子1双。

2. 考核要求及注意事项

（1）操作演示语言引导、协助或引导孩子整理衣物。

（2）按考核点要求依次进行，时间一到立即停止操作，操作超过5 min本题零分。

3. 考核目的

保育员掌握正确的婴幼儿衣服整理顺序，为孩子做出正确的示范，并对个别能力较弱的孩子给予帮助。

4. 评分项目及标准

评分项目	考核要点	配分	评分标准
1. 语言引导演示	（1）引导语言规范、语气温柔而坚定（1分） （2）使用童趣游戏化的语言（1分）	2分	未正确操作演示、漏项，每项扣1分
2. 整理衣物演示	（1）协助整理上衣、领子，检查纽扣、袖口（1分） （2）协助托班孩子包肚子（1分） （3）鼓励小班孩子自己尝试包肚子（1分） （4）检查裤子正反面（1分） （5）检查鞋子左右脚是否穿对（1分） （6）帮助系鞋带（1分）	6分	未正确操作演示、漏项，每项扣1分
3. 口述注意事项	（1）鼓励并指导孩子自己穿脱衣物（1分） （2）对于年龄较小、能力较弱的孩子，应在其出现困难时给予帮助（1分）	2分	错、漏一项扣1分
合计		10分	

【题目7】指导中、大班幼儿整理衣物

1. 考场准备

（1）本题分值：10分。

（2）考核时间：5 min。

（3）考核形式：模拟操作+口述。

（4）设备设施准备：模拟娃娃1个，有纽扣、翻折领子的长袖上衣1件，裤子1条，有鞋带的鞋子1双。

2. 考核要求及注意事项

（1）操作演示语言引导、协助或引导幼儿整理衣物。

（2）按考核点要求依次进行，时间一到立即停止操作，操作超过5 min本题零分。

3. 考核目的

保育员掌握正确的婴幼儿衣服整理顺序，为孩子做出正确的示范，并对个别能力较弱的孩子给予帮助。

4. 评分项目及标准

评分项目	考核要点	配分	评分标准
1. 语言引导演示	（1）引导语言规范，语气温柔而坚定（1分） （2）用语言鼓励（1分）	2分	未正确操作演示、漏项，每项扣1分

职业模块二 生活管理与教育

续表

评分项目	考核要点	配分	评分标准
2. 整理衣物演示	（1）引导幼儿自己整理领子（1分） （2）引导幼儿自己检查纽扣（1分） （3）引导幼儿自己检查袖口（1分） （4）引导幼儿自己包肚子（1分） （5）引导幼儿自己检查裤子的正反面（1分） （6）引导幼儿自己检查鞋子（1分） （7）引导幼儿自己系鞋带（1分）	7分	未正确操作演示、漏项，每项扣1分
3. 口述注意事项	对能力较弱的孩子帮助的重点：整理上衣，协助包肚子，检查裤子的正反面，检查鞋子左右脚，帮助系鞋带	1分	错、漏一处扣0.5分，扣完为止
合计		10分	

【题目8】 指导婴幼儿洗手

1. 考场准备

（1）本题分值：10分。

（2）考核时间：5 min。

（3）考核形式：实操。

2. 考核要求及注意事项

（1）操作演示语言引导、指导婴幼儿正确洗手。

（2）按考核点要求依次进行，时间一到立即停止操作，操作超过5 min本题零分。

3. 考核目的

保育员掌握洗手的动作要领，在婴幼儿洗手过程中，做到全面照顾、及时监督、仔细检查。

4. 评分项目及标准

评分项目	考核要点	配分	评分标准
1. 语言引导	（1）引导语言规范，语气温柔而坚定（1分） （2）用语言鼓励（1分）	2分	未正确操作演示、漏项，每项扣1分
2. 指导正确洗手（演示+口述）	（1）引导孩子洗手前将长袖变短袖（1分） （2）引导孩子洗手时小手放低、不玩水、不弄湿衣服（1分） （3）引导孩子自己正确洗手（可以通过儿歌等）（3分） （4）引导孩子正确使用擦手毛巾（1分） （5）引导孩子洗手后及时涂润肤乳（1分）	7分	未正确操作演示、漏项或表达不规范，扣相应分值

续表

评分项目	考核要点	配分	评分标准
3. 口述注意事项	（1）水龙头位置应比孩子略低，以免水倒流弄湿孩子衣袖（0.5分） （2）洗手过程中，保育员全面照顾、及时监督、仔细检查（0.5分）	1分	错、漏一项扣0.5分
合计		10分	

【题目9】 指导婴幼儿独立就寝

1. 考场准备

（1）本题分值：10分。

（2）考核时间：5 min。

（3）考核形式：模拟操作+口述。

（4）设施设备准备：小床2张，被褥2套，睡衣1套，空调遥控器1个，模拟娃娃1个，录音机1台，音乐光盘（轻音乐、摇滚乐等）2张，绘本故事（情感、恐怖等）2本。

2. 考核要求及注意事项

（1）操作演示按物品准备、心理准备、环境创设、睡前指导、睡眠引导的流程指导婴幼儿独立就寝。

（2）按考核点要求依次进行，时间一到立即停止操作，操作超过5 min本题零分。

3. 考核目的

保育员正确指导婴幼儿独立就寝，培养婴幼儿良好的睡眠习惯，对不合理的睡姿进行纠正指导。

4. 评分项目及标准

评分项目	考核要点	配分	评分标准
1. 物品准备演示	（1）准备小床，根据季节准备和选择合适的被褥，冬季为厚被，春秋季为薄被，夏季选择席子（0.5分） （2）提醒需要更换睡衣的孩子提前准备（0.5分）	1分	未正确操作演示、漏项，每项扣0.5分
2. 心理准备演示	利用睡前20~30 min让孩子习惯一种有安全感的、按一定顺序进行的仪式，如餐后散步、回班如厕、开启入睡轻音乐或给孩子讲睡前故事等	1分	未正确操作演示、漏项，每处扣0.5分，扣完为止
3. 环境创设（演示+口述）	（1）整理床铺（0.5分） （2）关窗，拉上窗帘，保持室内光线柔和（0.5分） （3）根据室温开启空调，注意观察室温、调整风向等（1分）	2分	未正确操作演示、漏项或表达不规范，每项扣相应分值

续表

评分项目	考核要点	配分	评分标准
4. 睡前指导演示	（1）指导孩子脱衣，先脱裤子，再脱上衣（1分） （2）指导叠放衣裤，鞋子摆放合理（1分） （3）根据季节指导孩子穿合适的衣服入睡（1分） （4）睡前给婴儿包好纸尿裤，提醒幼儿小便（1分）	4分	未正确操作演示、漏项或表达不规范，每项扣1分
5. 睡眠引导演示	（1）陪伴安抚无法自主入睡的孩子（1分） （2）调整孩子不良睡姿（1分）	2分	未正确操作演示、漏项，每项扣1分
合计		10分	

【题目10】婴幼儿睡眠中遗尿问题的处理

1. 考场准备

（1）本题分值：10分。

（2）考核时间：5 min。

（3）考核形式：模拟操作+口述。

（4）设施准备：小床2张、被褥2套、替换衣物1套、模拟娃娃2个。

2. 考核要求及注意事项

（1）操作演示入睡指导、巡视和遗尿护理。

（2）按考核点要求依次进行，时间一到立即停止操作，操作超过5 min本题零分。

3. 考核目的

保育员正确处理婴幼儿睡眠中的遗尿问题，并能够正确对待婴幼儿的遗尿。

4. 评分项目及标准

评分项目	考核要点	配分	评分标准
1. 入睡指导演示	提醒婴幼儿排尿（1分）	1分	错、漏扣1分
2. 巡视（演示+口述）	（1）对有遗尿现象的孩子，在睡眠期间要有规律地唤醒其排尿（1分） （2）午睡时可在睡下30 min左右唤醒孩子排尿（1分） （3）晚间睡眠时每隔2~3 h唤醒孩子排尿（1分） （4）睡眠过程中巡回观察，如发现孩子在睡觉过程中有异常表现，如翻来覆去睡不踏实，及时唤醒其排尿（1分）	4分	未正确操作演示、漏项或表达不规范，每项扣1分

续表

评分项目	考核要点	配分	评分标准
3. 遗尿处理 （演示+口述）	（1）发现孩子遗尿后仍处于睡眠中，轻声或以轻柔的动作逐步唤醒孩子（1分） （2）尽快拿取干净的衣裤并帮助孩子更换衣裤（动作迅速，以免着凉）（1分） （3）更换衣裤后将孩子抱到干净的床上（如没有空余的床位及时更换干净的被褥）（1分） （4）陪伴，用温和的方式帮助孩子平复情绪、重新入睡（1分） （5）及时处理被污染的衣裤和被褥（注意：必须在保证孩子有教师看护的情况下，保育员方可进行清洗等工作）（1分）	5分	未正确操作演示、漏项或表达不规范，每项扣1分
合计		10分	

【题11】 婴幼儿如厕指导

1. 考场准备

（1）本题分值：10分。

（2）考核时间：5 min。

（3）考核形式：模拟操作+口述。

（4）设施设备准备：便盆1个、卫生纸1卷、替换衣物1套、模拟娃娃2个。

2. 考核要求及注意事项

（1）操作演示物品准备、环境创设和如厕指导。

（2）按考核点要求依次进行，时间一到立即停止操作，操作超过5 min本题零分。

3. 考核目的

保育员正确指导婴幼儿如厕，正确培养婴幼儿的如厕习惯。

4. 评分项目及标准

评分项目	考核要点	配分	评分标准
1. 物品准备演示	便盆、卫生纸、替换衣物、娃娃	2分	错、漏一处扣0.5分
2. 环境创设 （演示+口述）	（1）厕所环境创设、便盆厕位的安置（1分） （2）排便过程中的护理与观察（1分） （3）指导孩子排尿（1分） （4）正确培养孩子的排尿习惯（1分）	4分	未正确操作演示、漏项或表达不规范，每项扣1分
3. 口述注意事项	（1）厕所保洁、便器放置及清洁消毒方法正确（1分） （2）排便的组织及保育工作符合要求（1分） （3）对年龄小、易尿床的孩子采取正确的保育措施（1分） （4）根据年龄培养有关生活能力和良好的排便习惯（举例说明）（1分）	4分	错、漏一项扣1分
合计		10分	

职业模块三　健康管理与教育

考 核 要 点

考核范围	理论知识考核要点	重要程度	技能考核要点	重要程度
健康观察	1. 婴幼儿健康指标	掌握	1. 高热惊厥患儿的发现与急救护理	掌握
	2. 健康状况异常婴幼儿的表现	掌握	2. 冰袋降温	掌握
	3. 健康状况异常婴幼儿的日常护理	熟悉	3. 发热婴幼儿的观察与护理	掌握
	4. 手足口病的护理与主要预防措施	掌握	4. 患流行性感冒婴幼儿的观察与护理	掌握
	5. 麻疹的护理与主要预防措施	掌握	5. 预防接种后婴幼儿的观察与护理	掌握
	6. 水痘的护理与主要预防措施	掌握		
	7. 流行性腮腺炎的护理与主要预防措施	掌握		
	8. 流行性感冒的护理与主要预防措施	掌握		
	9. 猩红热的护理与主要预防措施	掌握		
	10 细菌性痢疾的护理与主要预防措施	掌握		
	11. 预防接种的意义	了解		
	12. 预防接种疫苗的主要类型和接种时间	熟悉		
	13. 预防接种后的常见不良反应及护理	掌握		
体格检查	1. 各年龄阶段幼儿的体格发育特点	熟悉	1. 婴幼儿体重的测量	掌握
	2. 体格测量方法	掌握	2. 婴幼儿身高/身长的测量	掌握
	3. 体格生长评价的方法及内容	掌握	3. 婴幼儿头围的测量	掌握
	4. 促进婴幼儿体格发育的方法	掌握	4. 体弱儿运动指导	掌握
	5. 体弱儿的概念、成因	掌握	5. 体弱儿进餐指导	掌握
	6. 体弱儿的特点和体弱的危害	掌握		
	7. 体弱儿的日常护理	掌握		
	8. 与家长配合改善体弱儿的现状	掌握		

续表

考核范围	理论知识考核要点	重要程度	技能考核要点	重要程度
行为观察与情绪管理	1. 问题行为的界定及产生原因	掌握		
	2. 婴幼儿常见的问题行为	掌握		
	3. 问题行为的预防及矫正	掌握		
	4. 婴幼儿心理需求的类别	掌握		
	5. 婴幼儿不同心理需求的典型行为表现	掌握		
	6. 不同家庭结构婴幼儿的心理需求与情感支持	掌握		
	7. 婴幼儿情绪表达与情绪分享的特点	掌握		
	8. 婴幼儿情绪和情感的不同表现	掌握		
	9. 婴幼儿情绪管理	掌握		

重点复习提示

一、健康观察

1. 婴幼儿健康指标

（1）婴幼儿的生理健康，指婴幼儿各个器官、组织的生长发育正常，没有生理缺陷，能有效抵抗各种急、慢性疾病，体质不断增强。

婴幼儿生长发育最常用的评价指标包括体重、身长（身高）、头围、胸围、上臂围、坐高、皮下脂肪、身体比例及指距等项目。

体格生长偏离是指婴幼儿生理的异常发育，主要包括消瘦、肥胖和身材矮小。

（2）婴幼儿的心理健康，指婴幼儿情绪稳定、情绪反应适度，乐于与人交往，人际关系融洽，行为统一、协调，性格特征良好。

（3）健康婴幼儿的表现

1）身体发育正常，身高和体重均按时增长。

2）皮肤光滑，无过分干燥或表皮油脂过多、皮疹、出血点、瘀斑等。

3）毛发整齐而有光泽，色泽正常。

4）眼睛明亮有神，巩膜无黄染及出血，无斜视、眯眼看物。

5）牙齿清洁，排列整齐，无龋齿。

6）无张嘴呼吸，睡眠时无打鼾、呼吸暂停现象。

7）手指清洁，指甲修整，不存污垢。

8）脚趾向前，无弯曲现象，非扁平足。

9）坐、卧、立、行都能保持良好的姿势。

10）身体各部分功能均正常。

11）运动后虽有正常的疲劳，但经过适当休息后，即可恢复如常。

12）食欲良好，睡眠充足，且定时大便。

13）在游戏和身体姿势方面，能够表现出与其年龄、性别、体型和运动经验相适应的技巧。

14）患病率和事故率不超过同一年龄、同一性别的儿童。

2. 健康状况异常婴幼儿的表现

（1）精神。婴幼儿的精神不好，容易哭闹，爱发脾气，心绪不宁，表情痛苦，不能平静地玩耍和游戏，并长时间处于这种状态。

（2）表情和面色。生病的婴幼儿可能会出现面色比平时苍白或明显发红，双眼无神，好似凝视远方，同时伴有尖声啼哭等现象。

（3）食欲。与平时相比，婴幼儿食欲欠佳，饭量明显减少，甚至精神不好、拒绝进食，同时伴有恶心、呕吐、便秘、腹泻等症状。

（4）睡眠。如精神不好、入睡困难，睡眠过程中烦躁不安、阵发性哭闹、惊厥、严重打鼾甚至呼吸暂停等。

（5）大小便。大便次数较平时明显增多，质地比平时稀，甚至发现血便，或者排大便的时候非常费力、排不出来甚至排便时哭闹。小便频次过多或过少，同时可能伴随有尿频、尿急、尿痛、血尿、尿液浑浊、尿中泡沫较多、排尿时哭闹等症状。

（6）身体出现症状。如果出现鼻塞、用口呼吸、打喷嚏、流鼻涕，或出现呕吐、腹痛、腹泻，或发热、咳嗽、咯痰、喘息，或出现皮疹，不管是否有发热，都应引起重视。如果出现双目凝视，甚至肢体抖动，需要立即拨打120急救电话或者紧急送往医院。

3. 健康状况异常婴幼儿的日常护理

（1）对生病婴幼儿的日常护理

1）减少活动量，尽量避免剧烈活动，让孩子多休息。

2）饮食清淡，避免辛辣、油腻、寒凉、刺激性强及难消化的饮食。

3）及时增减衣物。

4）注意婴幼儿个人清洁卫生，患儿的呕吐物、排泄物应及时清理并消毒。

5）对于咳嗽、咯痰的患儿，注意保持呼吸道湿润。患儿出现呕吐、腹泻等消化道症状时，在病情允许的情况下可以少量多餐，并注意补充水分，同时注意观察是否尿量明显减少和精神不佳，避免患儿脱水甚至休克。如果患儿身上有皮疹，可以遵照医嘱给予外用药涂抹，但应避免患儿抓挠引起局部皮肤感染。

6）患手足口病、流行性感冒、轮状病毒性肠炎等传染病的婴幼儿应及时隔离送医。

（2）发热知识。正常婴幼儿的体温一般波动在 36~37 ℃，夜间及清晨稍低，中午和下午稍高。如果患儿体温升高，低于 38 ℃ 为低热，38.1~38.9 ℃ 为中度发热，39~41 ℃ 为高热，超过 41 ℃ 为超高热，连续发热超过两周为长期发热。

（3）发热患儿的观察

1）体温观察。测量体温前 30 min 应避免进食、喝热水、剧烈运动、热敷、洗澡等活动，用干毛巾擦干一侧腋下，然后将体温计甩至 35 ℃ 以下，为婴幼儿夹紧体温计，5~10 min 后取出。

2）一般情况观察。观察患儿食欲、精神状态和睡眠情况。注意面色是否苍白、潮红或发紫，呼吸是否急促，是否伴有喘息，是否伴随皮疹、呕吐、腹痛、腹泻等症状。对腹泻患儿可用干净的袋子或杯子留取少量大便标本做化验。

3）用退热药的观察。一般于用药 30 min 后复测体温，记录体温变化情况，以观察患儿的用药效果。

4）严重情况的观察。如果发现患儿出现大汗淋漓、面色苍白、软弱无力等虚脱现象，或者出现精神萎靡、呼吸费力、皮肤有出血点或瘀斑、严重呕吐或腹泻、尿量少或无尿、便血甚至惊厥、意识障碍等情况，要及时与保健医生联系，并迅速送医院处理。

（4）发热患儿的护理

1）环境。保持婴幼儿所处环境的清洁和安静，温度一般在 18~20 ℃，每天至少通风一次，以减少病菌在空气中的浓度。

2）休息。让患儿多休息，避免剧烈活动。

3）饮食。酌情给予患儿营养丰富且易于消化的流质或半流质食物，并让患儿多量多次喝温水。

4）着装。护理发热患儿时，一定注意及时增减衣物。如果发热时患儿手足暖，则穿衣不宜过厚，特别是婴幼儿不可包裹得过厚过紧。

5）口腔及皮肤护理。每次进食后用清水漱口，不会漱口的婴儿可以喝少量水清洁口腔。出汗时要及时用干毛巾擦干汗液，必要时更换衣被，保持皮肤清洁干燥。另外，还要给患儿勤洗手、洗脚，清洗外阴及肛门，以防止出现其他部位的感染。

6）监测体温。

（5）物理降温的方法

1）冰袋降温法。将冰袋放置于额头部、颈部两侧、腋窝、腹股沟及腘窝等血流丰富处。每次放置时间不超过 30 min。

2）温水浴。室温在 24~26 ℃，水温应比体温低 1 ℃，时间以 5~10 min 为宜。

3）冷湿敷。将敷垫放置于冰水内浸透，取出，敷于前额部。每 3~5 min 更换一次敷垫，持续冷敷 15~20 min。

（6）药物降温的注意事项。如果婴幼儿出现高热，保育员可以遵照医嘱为患儿使用退热药物。一般退热药物起效时间是 30~40 min，两次使用退热药物一般需要间隔 4~6 h。

（7）高热惊厥患儿的护理。如果遇到婴幼儿高热惊厥发作，拨打急救电话的同时应就地抢救。立即移开可能对患儿造成损伤的物品，如教室内的桌椅。让患儿平卧于床上或地面上，解衣领，松衣服，头偏向一侧，防止舌后坠阻塞呼吸道。清除患儿口鼻分泌物、呕吐物等，保持呼吸道通畅。患儿牙关紧闭时不要强行撬开，以免牙齿脱落造成意外窒息。

4. 手足口病的护理与主要预防措施

（1）典型症状。急性起病，发热，口腔、手掌、脚掌及臀部出现斑丘疹及疱疹。

（2）手足口病患儿的护理

1）隔离与消毒。手足口病患儿需要隔离，以避免交叉感染，一般从发病到痊愈需要隔离 2 周左右的时间。地面每日湿式清扫 2 次，病房门把手、床头柜等患儿可接触到的物品表面，每日用 500 mg/L 的含氯消毒剂擦拭消毒 3 次。75% 酒精和 5% 来苏水对肠道病毒无效。每日用空气消毒机对房间进行空气消毒 60 min。处理患儿的粪便及排泄物时需要戴手套，脱手套后用流动水洗手。患儿的大小便需要用 1 000 mg/L 的含氯消毒剂作用 2 h。护理患儿用的清洁工具应和其他房间的清洁工具严格分开。

2）一般护理。患儿体温低于 38.5 ℃ 时，给患儿补充水分，并进行物理降温，监测患儿体温变化。

3）口腔与皮肤护理。加强口腔护理，多饮水，餐后用温水漱口。

4）注意观察病情变化。手足口病可引起脑炎、脑膜炎、肺水肿、心肌炎等严重并发症。注意有无精神萎靡、呼吸急促、颜面苍白或紫绀、头痛、昏睡、惊跳、呕吐等现象，以免发生严重并发症。

（3）手足口病的主要预防措施

1）接种 EV71 病毒灭活疫苗。

2）教育孩子养成良好的卫生习惯和饮食习惯。

3）房间经常通风换气，衣服被褥要经常在阳光下暴晒。

4）尽量不带孩子去公共场所，避免与其他发热、患出疹性疾病的儿童接触。

5. 麻疹的护理与主要预防措施

（1）典型症状。发热、结膜炎、口腔麻疹黏膜斑、全身斑丘疹及疹退后遗留色素沉着伴糠麸样脱屑。

（2）麻疹患儿的护理

1）隔离与消毒。麻疹患儿隔离至出疹后 5 天，合并肺炎者延长至出疹后 10 天。患儿所在房间物体表面和地面选用 500 mg/L 的含氯消毒剂进行消毒。

2）一般护理。遵照医嘱给予退热、止咳等治疗，继发细菌感染时给予抗生素。补充维生素 A 减轻麻疹症状。

3）五官及皮肤护理。加强眼睛、鼻腔、口腔和皮肤的清洁护理。

4）注意观察病情变化。如果病程中发现咳嗽加重、气急、鼻翼翕动、呼吸困难、口唇发绀、声音嘶哑或高热不退等，可能出现肺炎、喉炎等并发症，需要立即送至医院诊治。

（3）麻疹的主要预防措施

1）按时接种麻疹疫苗。

2）麻疹流行期间，尽量避免带孩子去公共场所。

6. 水痘的护理与主要预防措施

（1）典型症状。皮肤黏膜相继出现或同时出现斑疹、丘疹、疱疹和结痂等各类皮疹。

（2）水痘患儿的护理

1）隔离与消毒。患儿应隔离直至皮疹全部干燥结痂为止。患儿所在房间物体表面和地面的消毒可选用含氯消毒剂。

2）一般护理。遵医嘱给予抗病毒药物、退热等治疗。

3）皮肤护理。勤换衣被，保持皮肤清洁。皮肤瘙痒可局部使用炉甘石洗剂。

4）注意观察病情变化。如果病程中发现患儿持续高热不退、精神萎靡不振、皮疹融合成大疱型或呈出血性等，及时就医。

（3）水痘的主要预防措施

1）给孩子接种水痘疫苗。

2）养成良好的卫生习惯。

3）早发现、早隔离、早治疗。

7. 流行性腮腺炎的护理与主要预防措施

（1）典型症状。以腮腺肿大和疼痛为主要特征，局部疼痛、过敏，开口咀嚼或吃酸性食物时胀痛加剧，部分患儿可伴随有发热。

（2）流行性腮腺炎的护理

1）隔离与消毒。及早隔离患儿至腮腺肿胀完全消退为止。

2) 一般护理。遵照医嘱给予退热、清热解毒等处理。注意休息，保持口腔清洁，忌酸辣等刺激性食物，多饮水。

3) 注意观察病情变化。如果病程中发现患儿出现持续高热不退、头痛、呕吐、睾丸肿痛、腹痛等症状，及时就医，以防脑膜炎、睾丸炎、卵巢炎、胰腺炎等并发症的出现。

(3) 流行性腮腺炎的主要预防措施。按时接种疫苗，早发现、早隔离、早治疗。

8. 流行性感冒的护理与主要预防措施

(1) 典型症状。头疼、畏寒、发热、全身酸痛、乏力等。

(2) 流感的护理

1) 隔离与消毒。及早隔离患儿至症状完全消失为止，一般不少于1周。保持室内空气清新，每天开窗通风1~2次，每次15~30 min。患儿所在房间物体及环境表面的消毒采用500~1 000 mg/L含氯消毒剂擦拭，每天1~2次。

2) 一般护理。补充水分，注意休息，给予清淡易消化饮食。

3) 注意观察病情变化。流感可出现肺炎、心肌炎、脑炎等并发症，如患儿有剧烈咳嗽、呼吸费力、频繁呕吐甚至出现惊厥等，一定要及时就医。

(3) 流感的主要预防措施

1) 接种流感疫苗是最基本的预防措施。

2) 餐具、用具、衣物不要共用。

3) 流感流行期间尽量不去公共场所。做好室内外卫生，常开窗通风换气，加强体育锻炼，增强体质。

4) 密切接触流感病人后，口服奥司他韦预防流感。

9. 猩红热的护理与主要预防措施

(1) 典型症状。发热，咽喉肿痛或伴糜烂，全身出猩红色皮疹，疹后脱屑蜕皮。

(2) 猩红热的护理

1) 隔离与消毒。及时隔离患儿。患儿接触过的食具要煮沸消毒，用具、桌椅等用来苏水擦拭消毒。

2) 一般护理。急性期卧床休息，避免发生并发症。

3) 注意观察病情变化。在出疹期要注意患儿有无心慌、气短、脉搏加快甚至呼吸困难等症状，以便及时发现心肌炎。

(3) 猩红热的主要预防措施

1) 及时隔离患儿，至临床症状消失、咽拭子培养链球菌阴性时解除隔离。

2) 对患儿的分泌物和污染物及时消毒处理。

3) 注意居室通风，空气流通。

10. 细菌性痢疾的护理与主要预防措施

（1）典型症状。发热、腹痛、腹泻、里急后重及黏液脓血便，严重者精神萎靡、面色青灰、四肢厥冷、呼吸微弱、皮肤花纹、反复惊厥、嗜睡，甚至昏迷。

（2）细菌性痢疾的护理

1）隔离与消毒。尽早发现患儿，发现后及时去医院诊断治疗。

2）一般护理。加强营养支持，促进康复。

3）注意观察病情变化。如果发现患儿出现精神萎靡、面色青灰、四肢厥冷、呼吸微弱、皮肤花纹、反复惊厥、嗜睡，甚至昏迷，立即送至医院诊治。

（3）细菌性痢疾的主要预防措施

1）注意水源卫生和饮食卫生。

2）早发现，早隔离，早消毒，早治疗。

3）患儿应进行隔离，加强护理。

4）做好饮食卫生、水源及粪便管理，切断传染途径。

11. 预防接种疫苗的主要类型和接种时间

国家对儿童实行预防接种证制度。按照疫苗性质划分，疫苗分为减毒活疫苗和灭活疫苗；按照疫苗成分划分，疫苗分为单苗（如麻疹疫苗、乙肝疫苗）和联合疫苗（如麻腮风疫苗、百白破疫苗等）；按照国家政策划分，分为第一类疫苗和第二类疫苗。

预防接种按照国家卫生健康委员会颁布的《国家免疫规划疫苗儿童免疫程序及说明（2021年版）》执行。

12. 预防接种后常见不良反应及护理

（1）预防接种后常见不良反应

1）接种后 24 h 左右会有局部或全身的反应，局部反应表现为注射部位红肿硬结，严重者可引起附近淋巴结肿大，有压痛感。对注射处出现的红肿，可采取局部热敷的方法，如红肿范围过大或局部破溃流脓，要及时就医。

2）接种后的婴幼儿还可能出现发热、食欲不振、头疼、恶心、呕吐、腹泻等症状。若体温过高可遵照医嘱服用退热药，反复高热时需至医院就诊。

3）偶合反应。偶合疾病与预防接种无关，只是因为时间上的巧合而被误认为由接种疫苗所引起。冬季常偶合流行性脑脊髓膜炎，夏季常偶合肠道传染病，可经医生诊断加以鉴别。

（2）预防接种后婴幼儿的基本护理

1）接种后，保育员要组织婴幼儿多饮水。

2）接种当天不能给婴幼儿洗澡。

3）接种后的婴幼儿活动量不可过大。

4）要提醒婴幼儿打针处可能会发痒，但不可抓挠，避免感染。

5）注意观察是否有发热、局部皮肤红肿等不良反应。

二、体格检查

1. 各年龄段婴幼儿的体格发育特点

儿童的年龄主要分为 7 个阶段，依次是胎儿期、新生儿期、婴儿期、幼儿期、学龄前期、学龄期和青春期。

2. 体格测量方法

（1）体重。测量体重前均应校正到零点，在空腹、排空大小便、裸体或仅穿背心、短裤的情况下进行。体重记录以千克（kg）为单位，有效数字取至小数点后 1 位。

（2）身长（身高）。3 岁以内测身长，脱去帽、鞋、袜，松开发辫，穿单衣仰卧于测量床的底板中线上。身长（身高）记录以厘米（cm）为单位，有效数字取至小数点后 1 位。

（3）坐高。3 岁以下婴儿测量顶臀长，即坐高，读刻度，误差不超过 0.1 cm。3 岁以上测量坐高时取坐位。

（4）胸围。3 岁以下取卧位，3 岁以上取立位，取平静呼吸时的中间读数，误差不超过 0.1 cm。

（5）头围。被测儿童取坐位或立位，摘掉帽子，解开发辫，测量者用无弹性的软尺从头部经右侧眉弓上缘过枕骨粗隆，再从左侧眉弓上缘回至零点，读出头围数字，误差不超过 0.1 cm。

（6）上臂围。被测儿童取立位、坐位或仰卧位，取左上臂自肩峰至鹰嘴连线的中点为测量点，以软尺水平绕该点的上臂 1 周，轻轻接触皮肤，进行测量，读数误差不超过 0.1 cm。

（7）皮脂（褶）厚度。皮脂（褶）厚度反映皮下脂肪的厚度。测量皮脂（褶）厚度常用的部位有：

1）腹壁皮下脂肪。取平脐处锁骨中线部位的腹壁，测量时皮褶方向与躯干长轴平行。

2）背部皮下脂肪。取左肩胛骨下角下稍偏外侧处，测量时皮褶自下向上内方向，与脊柱成 45°角。

3）上臂内侧皮下脂肪。取上臂肩峰与鹰嘴连线中点水平，皮褶方向与上臂长轴平行。

不论在哪个部位测量皮下脂肪厚度，测量者都常用左手拇指及食指，在测量部位捏起皮肤和皮下脂肪，捏时两指的距离为 3 cm；右手提量具，量具的钳板大小应为 0.6 cm×1.5 cm。

3. 体格生长评价的方法及内容

（1）体格生长评价的方法

我国常用的体格生长评价方法有标准差法、中位数百分位法、曲线图法、身体指数法和骨龄评价法。

1）标准差法。标准差法适用于正态分布状况，均值加减 1 个标准差包含 68.3%的总体，加减 2 个标准差包含 95.4%的总体，而加减 3 个标准差范围已包含 99.7%的总体，按此制定出五等级评估表。

2）中位数百分位法。中位数百分位法适用于正态和非正态分布状况，当变量值不完全呈正态分布时，此法比标准差法能更准确地反映实际数值。P50 即为中位数，约与标准差法的均值相当。本法的适用范围和优缺点与标准差法相似，只是数值分布更为细致，准确性更高。

3）曲线图法。曲线图法是通过定期、连续对身高（身长）、体重和头围进行测量，将所得数值画成曲线图，以观察、分析其变化情况，不仅可以评出生长水平，还可看出生长趋势，并能算出生长速度。

（2）体格生长评价的内容

1）生长水平。所有的单项体格生长指标，如体重、身高（身长）、头围、胸围、上臂围等均可进行生长水平评价。

2）生长速度。以生长曲线表示生长速度最简单、直观。

3）匀称度

①身高别体重是判断 2 岁内儿童营养不良和超重肥胖最常用的指标之一。

②年龄的体质指数（BMI），BMI＝体重（kg）/身高（m）^{2}，对≥2 岁儿童超重肥胖的判断优于身高别体重。

③身材匀称以坐高（顶臀长）/身高（长）的比值反映下肢发育状况，小于等于参照值即为匀称，否则为不匀称。

4. 促进婴幼儿体格发育的方法

（1）均衡营养。

（2）有充足的运动。

（3）有良好的生活环境。

（4）预防疾病。

（5）合理用药。

（6）生活制度合理。规律生活，养成规律作息的习惯，合理安排进食、运动、休息等，避免熬夜等不良习惯。

5. 体弱儿的概念及其成因

体弱儿是指由于先天不足或后天反复生病而使生长明显受到影响的儿童。

儿童体弱的具体原因有以下几种情况：先天因素，疾病因素，母亲文化程度，孕产期保健，喂养方法，家长对婴幼儿卫生的过度讲究；家庭和托幼机构对婴幼儿安全的过度防范。

6. 体弱儿的特点和危害

体弱儿一般免疫力较差，长期体弱影响儿童身高、体重等增长，甚至影响智力的发育，对儿童远期发展非常不利。

7. 体弱儿的日常护理

（1）体弱儿的运动指导。首先，在体育锻炼中要遵循循序渐进的原则。其次，整个体育活动过程中保育员都要多关注班里的体弱儿。最后，体育活动结束后，保育员还要特别提醒体弱儿及时喝水，补充水分。

（2）体弱儿的进餐指导。保持愉快的心情，及时鼓励，提供模仿的机会，营造自我服务的进餐环境，了解身体对营养所需。

（3）根据病症的不同，按照医师的建议合理补充相关营养。

1）针对营养不良儿的膳食调理建议。调整膳食，提高总摄入量，循序渐进增加摄入量。先添加质软、易消化食品，适应后再根据年龄不同添加高蛋白的食物。适量进行米面搭配。

2）针对缺铁性贫血婴幼儿的膳食调理建议。增加优质蛋白，在原有饮食基础上增加鸡蛋、鹌鹑蛋、牛肉、瘦猪肉、鸡肉、黄鳝等优质动物蛋白和豆腐等植物蛋白食品。红肉类含铁丰富，注意补充。维生素C对铁的吸收有促进作用，要多食富含维生素C的食物。

3）针对反复呼吸道感染和患肺炎的婴幼儿的膳食调理建议。发病期选用清淡少油、质软、易消化的食品，组合成营养丰富的流质和半流质食品，同时让病儿多饮白开水，忌食油炸、干炒、辛辣等不易消化的食品。恢复期选用质软、易消化的食品，同时添加高蛋白的动物食品，以增强患儿体质，提高对呼吸道感染的抵抗力。

（4）日常工作中，注意体弱儿的管理和教育，做好疾病的预防和监测护理工作。

8. 与家长配合改善体弱儿现状

保育员要注意家园携手，同步共育。

针对患有先天传性疾病的体弱儿，保育员要向家长介绍或提供一些有针对性的补救措施。例如，蒙台梭利训练、感觉统合训练、认知功能训练等，都对体弱儿有后天补救价值。

三、行为观察与情绪管理

1. 问题行为的界定及产生原因

（1）问题行为的含义

1）问题行为对自己或他人产生不利影响。

2）问题行为不符合社会期望而不被人们所接受。

3）问题行为或轻度或重度地偏离同龄人的正常行为。

（2）问题行为产生的原因

1）实物强化行为通常发生在所提的要求被拒绝时。

2）注意力强化行为通常发生在大人忙于其他事情，一段时间没有关注他的情况下，注意力可以是正面的，也可以是负面的。

3）逃避强化行为通常发生在大人给任务并且坚持让孩子执行该任务时。

4）自我刺激行为是指在任何时间、任何地点、无论是否有旁人都会发生，并使孩子得到即时满足强化的某一个行为。

2. 婴幼儿常见的问题行为

（1）攻击性行为。攻击性行为又称侵犯性行为，侵犯性是指身体上的进攻（打、踢、咬）、言语上的攻击（大声叫嚷、叫喊名字、贬低人），也可以是侵犯别人的权利（如用暴力抢走别人的东西）。

（2）社会退缩。社会退缩又叫社交敏感性障碍，指儿童对新环境或陌生人产生的恐惧、焦虑情绪和回避行为并达到异常程度。至少存在抑制行为、安静退缩和活跃退缩三种不同的退缩行为。

（3）暴怒发作。当达成意愿的努力受到阻碍或是行为受到限制的时候，孩子会出现频繁不恰当的愤怒爆发，如哭闹喊叫、哭泣打滚，甚至用头撞墙等，这种短时间内没有办法通过劝说而终止的行为叫作暴怒发作，又叫发脾气。

（4）吸吮手指和恋物。吸吮手指是指婴幼儿自主或不自主地吸吮拇指、食指等手指的行为。恋物行为是借助物品满足心理需要的一种行为，源头即安全感的缺失。轻度的恋物行为在一定程度上可以满足孩子的需要，也能帮助孩子稳定情绪、获得安全感和快乐，从而弥补父母的不足。重度的恋物行为会使孩子根本无法离开所恋之物，孩子心理的成长将遭遇重大考验。其恋物行为如果不能及时矫正会发展成恋物癖。

（5）习惯性阴部摩擦。习惯性阴部摩擦（又叫擦腿综合征）指儿童反复用手或其他物体摩擦自己的外生殖器引起兴奋的一种行为障碍。

3. 问题行为的预防及矫正

问题行为的预防及矫正主要包括问题行为发生前的预防以及问题行为出现后的被动行为干预及正面积极干预。

（1）问题行为的预防。预防的目的是避免问题行为的发生，通过退让、满足孩子的需求创设一个相对稳定的干预环境，从而有可能让孩子慢慢建立良好的行为。

（2）问题行为的矫正。主要有行为疗法、游戏疗法和家庭疗法。

1）行为疗法是以行为学习理论为指导，按一定的治疗程序，消除或纠正不良行为的一种心理治疗方法。

2）利用游戏的方式来干预问题行为，孩子容易接受，如利用游戏疗法矫正儿童社交退缩行为是促进他们社会性发展的良好途径。

3）家庭疗法是以家庭为单位进行心理干预的治疗方式，它通过改变家庭的组织、关系、角色等结构问题，促进家庭功能的改进。家庭疗法可以用于矫正婴幼儿多种行为问题，如暴怒发作、违拗等。

4. 婴幼儿心理需求的类别

心理需要最初来源于生理需要，后逐渐独立。心理需求有很多层次，根据马斯洛需要层次理论，除了生理需要以外，安全需要、归属和爱的需要、尊重需要、自我实现的需要都属于心理需求。

5. 婴幼儿不同心理需求的典型行为表现

（1）依恋亲属，害怕分离。

（2）出现不满情绪和问题行为。

（3）自我表现，喜欢称赞。

6. 不同家庭结构的婴幼儿的心理需求与情感支持

（1）隔代家庭婴幼儿的心理需求与情感支持。大力宣传正确的关爱方式，引导祖辈家长真正关注孩子的成长；开展多种亲子活动，改变家长教育理念和养育方式；关注隔代教育家庭，在这种家庭中植入爱和关注、民主、平等和开放等教育因素，让孩子获得心理安全感，促进其身心健康发展。

（2）单亲家庭婴幼儿的心理需求与情感支持。保教人员要主动去信任、理解、尊重单亲家庭的孩子，以真诚的情感与他们进行交流，消除他们的恐惧心理和对立情绪；其次，要努力为单亲家庭孩子创造出一种平等、体谅的集体氛围，使单亲儿童感受到集体的温暖和应有的归属感。

（3）留守儿童的心理需求与情感支持。留守儿童常见的心理健康问题有：自我意识不健全，容易出现自卑、攻击行为；消极情绪较多，表现为紧张性、焦虑感、神经敏感性较高；社会交往障碍，独立性差，不能积极参与集体活动等。针对留守儿童的心理支持主要是加强亲子沟通，为同伴交往创建有利条件，提高留守儿童社会性认知技能等。

7. 婴幼儿情绪表达和情感分享的特点

情绪表达是指用来表现情绪的各种方式，婴幼儿情绪表达通常有使用姿态表达和对他人情感的移情表现。

情感分享是指婴幼儿在理解情绪原因和结果基础上对自我和他人产生合适情绪的反应能力。

8. 婴幼儿情绪和情感的不同表现

（1）婴幼儿情绪的表现。婴儿时有8~10种基本情绪，如快乐、兴趣、惊奇、厌恶、痛苦、愤怒、惧怕、悲伤等。

（2）婴幼儿情感的表现。7~9个月的婴儿能尝试从安全的角度评价事物或根据成人的情绪表现决定自己的行为；1岁时羞耻心、同情感、责任感、妒忌开始萌芽；2岁时道德感开始萌芽；3岁时逐渐学会把自己或别人的行为与行为规则相比较，产生积极或消极的体验，理智感得到发展，表现为常常好奇、好问，喜欢收集、拆装玩具；5~6岁儿童参与集体活动的友谊感、荣誉感和责任感及审美感逐渐发展，对情感的控制力逐渐变强。

9. 婴幼儿情绪管理

情绪管理是指个体运用一定策略和机制改变自己和他人情绪的过程，使情绪在生理活动、主观体验、表情行为等方面根据需要隐藏、改变情绪反应和表情的能力。主要体现在处理厌恶、痛苦与愉快的情绪和产生情绪的情景。

理论知识辅导练习题

一、判断题（下列判断正确的请在括号中打"√"，错误的请在括号内打"×"）

1. 婴幼儿的生长发育是一个连续的、阶段性的过程。　　　　　　　　　　（　　）
2. 消瘦是指婴幼儿的体重比相应年龄组人群按身高的体重均值数低一个标准差以上。
　　　　　　　　　　　　　　　　　　　　　　　　　　　　　　　　（　　）
3. 保育员如果发现婴幼儿的精神与往日相比不好也不用太过在意。　　　　（　　）
4. 婴幼儿如出现鼻塞、用口呼吸、呕吐、发热等症状保育员需要注意，出现双目凝视甚至肢体抖动，需要紧急送往医院。　　　　　　　　　　　　　　　　　（　　）
5. 病后初愈的婴幼儿应剧烈活动，促进身体恢复，增强机体的抵抗力。　　（　　）
6. 测量体温前5 min应避免剧烈活动。　　　　　　　　　　　　　　　　（　　）
7. 婴幼儿体温39.0 ℃，保育员在护理时应该给孩子捂盖得厚一点，以免吹风。（　　）
8. 在退热过程中，应及时用干毛巾擦干汗液，保持皮肤清洁干燥。　　　　（　　）
9. 用冰袋降温时，冰袋应放置于额头部、颈部两侧、腋窝、腹股沟及腘窝等血流丰富处。　　　　　　　　　　　　　　　　　　　　　　　　　　　　　　　（　　）
10. 病情重或精神、面色、呼吸情况不佳时禁用温水浴，洗浴中出现异常情况时应立即停止。　　　　　　　　　　　　　　　　　　　　　　　　　　　　　　（　　）
11. 如果遇到婴幼儿高热惊厥发作，保育员应该立即按压人中。　　　　　（　　）
12. 一般高热惊厥出现在疾病中后期体温最高时，表现为意识丧失、呼之不应、双目凝

视、牙关紧闭。（　　）

13. 由于幼托机构婴幼儿密集，如果发生传染病病例，特别容易交叉感染引起幼托机构内传染病的流行。（　　）

14. 患手足口病的婴幼儿不会出现咳嗽、流涕、流涎的症状。（　　）

15. 对有口腔疱疹的手足口病儿童可遵医嘱适当给予口腔喷雾剂，以减轻口腔疼痛，促使糜烂早日愈合。（　　）

16. 麻疹以发热、结膜炎、口腔麻疹黏膜斑、全身斑丘疹及疹退后不遗留色素沉着伴糠麸样脱屑为特征。（　　）

17. 补充维生素 C 可减轻麻疹症状。（　　）

18. 皮肤黏膜相继出现或同时出现斑疹、丘疹、疱疹和结痂等各类皮疹是水痘的表现。（　　）

19. 流行性腮腺炎患儿需要隔离至腮腺肿胀完全消退为止。（　　）

20. 患流感儿童发热时应采取降温措施，不用口服药物。（　　）

21. 保育员在巡视时发现小雨出现发热，咽喉肿痛，全身猩红色皮疹，考虑可能是麻疹。（　　）

22. 保育员应鼓励细菌性菌痢患儿多饮水，以免脱水。（　　）

23. 预防接种使人体产生对该传染病的抵抗力，从而达到预防传染病的目的。（　　）

24. 重复接种一次就可使人对传染病的免疫力提高，以巩固免疫效果，这种复种称为基础免疫。（　　）

25. 托幼机构、学校在办理入托、入学手续时，应当检查预防接种证，未按规定接种的儿童应当及时补种。（　　）

26. 联合疫苗能预防的疾病数量多，大大减少了婴幼儿总体接种次数，但是增加了不良反应风险率。（　　）

27. 一类疫苗和二类疫苗都必须要接种。（　　）

28. 婴幼儿在接种后出现注射部位红肿硬结不需要处理。（　　）

29. 接种后的婴幼儿活动量不可过大，保育员要组织接种的婴幼儿进行安静的游戏活动。（　　）

30. 接种卡介苗后 2 周左右出现红肿、化脓，应给予局部刺破、消毒处理。（　　）

31. 测量体重前均应校正磅秤的零点，测量体重应在空腹、排空大小便、裸体或仅穿背心、短裤的情况下进行。（　　）

32. 1 岁以上儿童量身高，要取立正姿势，脱去帽、鞋、袜，松开发辫，穿单衣站在测量仪上，头部保持正直位置，两眼直视正前方。（　　）

33. 3岁以上儿童测量坐高时取坐位，脱去帽、裤，两大腿伸直面与躯干呈直角，即与地面平行，头枕部与肩部的位置在一条线上。（   ）

34. 测量胸围时，取用力呼吸时的最大读数。（   ）

35. 测量头围时，应用有弹性的软尺从头部经右侧眉弓上缘过枕骨粗隆，再从左侧眉弓上缘回至零点，读出头围数字。（   ）

36. 5岁儿童身高按照中位数百分位法评价，位于P30，则该儿童评价为中。（   ）

37. 对某一单项体格生长指标定期连续测量，所获得的该项指标在一定时间内的增长值即为该儿童此项体格生长指标的速率。（   ）

38. BMI是利用身高、体重评价营养状况的方法，与身体脂肪存在高度的相关性，对≥3岁儿童超重、肥胖的判断优于身高别体重。（   ）

39. 婴儿期进行母乳喂养，WHO建议6个月内纯母乳喂养，如有条件，建议母乳喂养持续到1岁。（   ）

40. 如果膳食中蛋白质量不足或质量差，可导致生长发育迟滞。（   ）

41. 可以给婴儿做被动操活动全身。（   ）

42. 体弱儿指由于先天不足或后天反复生病而使生长明显受到影响的儿童。（   ）

43. 早产儿出生时不满37周，低出生体重儿的出生体重不满1 500 g。（   ）

44. 孕期保健服务包括卫生、营养、心理咨询、定期产前检查。（   ）

45. 长期体弱影响儿童身高体重等增长，甚至影响智力的发育，对儿童远期发展非常不利。（   ）

46. 在托幼机构的各种体力活动尤其是体育活动中，保育员不用对体弱儿进行个别教育与护理。（   ）

47. 保育员要纠正体弱儿的偏食、厌食行为，保证营养素的均衡摄入。（   ）

48. 婴幼儿要多食芹菜、蒜苗、韭菜等维生素C含量高的蔬菜。（   ）

49. 体弱儿恢复期宜选用质软、易消化的食品。（   ）

50. 对于贫血体弱儿，以补铁纠正贫血为主，多食红肉、蛋黄等食物。（   ）

51. 问题行为不属于心理卫生保健工作预防及矫正的范畴。（   ）

52. 问题行为是儿童发展过程中出现的某些不符合社会规范，某些过于激烈，甚至暴力的行为。（   ）

53. 攻击性行为又称侵犯性行为，侵犯性是指身体上的进攻（打、踢、咬）、言语上的攻击（大声叫嚷、叫喊名字、贬低人），也可以是侵犯别人的权利（如用暴力抢走别人的东西）。（   ）

54. 吸吮手指的原因比较多，从最初的生理反射性行为，到发展性的不良行为，与儿童

的教育及教育环境不当也有关系。　　　　　　　　　　　　　　　　（　　）

55. 社会退缩是指儿童害羞、胆小、对新环境或陌生人产生的恐惧情绪和回避行为，是一种正常的行为。　　　　　　　　　　　　　　　　　　　　　　　　　　（　　）

56. 逃避行为就是不愿意执行指令的一种反应。　　　　　　　　　　　　（　　）

57. 恋物行为会随着年龄的增长自动消失，不会因不及时阻止而加以强化。（　　）

58. 家庭疗法是以家庭为单位进行心理干预的治疗方式，它通过改变家庭的组织、关系、角色等结构问题，促进家庭功能的改进。家庭疗法可以用于矫正儿童多种行为问题，如暴怒发作、违拗等。　　　　　　　　　　　　　　　　　　　　　　（　　）

59. 行为背后的四大功能分别是获取实物、获取注意力、逃避和自我刺激。（　　）

60. 留守儿童因所处的环境较为特殊，在很大程度上缺乏父爱、母爱，故心理不完善，感情脆弱。　　　　　　　　　　　　　　　　　　　　　　　　　　　　　（　　）

二、单项选择题（下列每题有 4 个选项，其中只有 1 个是正确的，请将其代号填写在横线空白处）

1. 以下指标除了_____之外均能为准确评价婴幼儿生长发育水平提供重要的信息。
   A. 身长　　　　　　　　　　　　　B. 体重
   C. 头围　　　　　　　　　　　　　D. 上下部量

2. 肥胖是指婴幼儿体重超过按身高计算的_____标准体重以上。
   A. 10%　　　　　　　　　　　　　B. 20%
   C. 30%　　　　　　　　　　　　　D. 40%

3. 小红的体重超过按身高计算的标准体重40%，属于_____。
   A. 轻度肥胖　　　　　　　　　　　B. 中度肥胖
   C. 重度肥胖　　　　　　　　　　　D. 极重度肥胖

4. 身材矮小指婴幼儿身高比相应年龄组人群按年龄的身高均值低_____个标准差以上。
   A. 1　　　　　　　　　　　　　　B. 1.5
   C. 2　　　　　　　　　　　　　　D. 2.5

5. 下列描述中健康婴幼儿的精神状态不包括_____。
   A. 反应敏捷　　　　　　　　　　　B. 活泼好动
   C. 精神萎靡　　　　　　　　　　　D. 情绪饱满

6. 正常的婴幼儿面色_____。
   A. 红润　　　　　　　　　　　　　B. 苍白
   C. 发黄　　　　　　　　　　　　　D. 发红

7. 儿童恶心、呕吐代表_____可能出现了疾病。
    A. 心脏   B. 肝脏
    C. 胃肠道   D. 脾脏

8. 以下有关患病婴幼儿的日常护理描述错误的是_____。
    A. 大量运动增强机体的抵抗力   B. 饮食清淡
    C. 及时增减衣物   D. 注意婴幼儿个人清洁卫生

9. 6岁的小刚今日测量腋温为38.6 ℃，目前体温属于_____。
    A. 低热   B. 中热
    C. 高热   D. 超高热

10. 使用体温计前，应把体温计的刻度甩至_____℃以下。
    A. 35.0   B. 35.5
    C. 36.0   D. 36.5

11. 一般于用药后_____min后复测体温，以观察患儿的用药效果。
    A. 10   B. 20
    C. 30   D. 40

12. 以下关于发热患儿的护理说法错误的是_____。
    A. 保持患儿所处环境的清洁和安静 B. 让患儿多休息，避免剧烈活动
    C. 大鱼大肉补充优质蛋白   D. 及时增减衣物

13. 物理降温不包括_____。
    A. 冰袋降温法   B. 温水浴
    C. 冷湿敷   D. 空气浴

14. 以下关于冰袋降温法说法错误的是_____。
    A. 将冰袋放置于血流丰富处   B. 胸腹部可放冰袋，以减慢心率
    C. 冰袋与皮肤之间用毛巾隔开   D. 每次放置时间不超过30 min

15. 一般退热药物起效时间是_____。
    A. 立即   B. 10~20 min
    C. 30~40 min   D. 40~50 min

16. 如果儿童在托幼机构出现高热惊厥，以下急救方法正确的是_____。
    A. 拨打急救电话，同时让儿童平卧，清除口腔分泌物
    B. 拨打急救电话，用力按住儿童以免受伤
    C. 拨打急救电话，观察儿童病情变化，如不明病因，暂时不予处理
    D. 拨打急救电话，同时用拇指按压人中使抽搐停止发作

17. 以下关于传染病的特征描述错误的是_____。
    A. 病程无规律性　　　　　　　　　　B. 由病原体引发
    C. 具有一定传染性　　　　　　　　　D. 具有免疫性
18. 传染病流行的基本环节不包括_____。
    A. 传染源　　　　　　　　　　　　　B. 易感人群
    C. 传播途径　　　　　　　　　　　　D. 传染环境
19. 某 4 岁儿童发热，口腔、手掌、脚掌及臀部出现斑丘疹及疱疹，可能是得了_____。
    A. 水痘　　　　　　　　　　　　　　B. 麻疹
    C. 手足口病　　　　　　　　　　　　D. 猩红热
20. 以下有关手足口病的描述错误的是_____。
    A. 病情都较轻，可以自愈
    B. 可以通过消化道、呼吸道和密切接触传播
    C. 可见手掌或脚掌部出现疱疹
    D. 皮疹消退后不留瘢痕或色素沉着
21. 已确诊手足口病的儿童需要隔离_____天。
    A. 7　　　　　　　　　　　　　　　　B. 10
    C. 14　　　　　　　　　　　　　　　 D. 20
22. 预防手足口病的主要措施是接种_____疫苗。
    A. 轮状病毒　　　　　　　　　　　　B. EV71
    C. OPV　　　　　　　　　　　　　　 D. 流感
23. 明明出现了发热、结膜炎、口腔麻疹黏膜斑、全身斑丘疹，他可能是得了_____。
    A. 水痘　　　　　　　　　　　　　　B. 麻疹
    C. 手足口病　　　　　　　　　　　　D. 猩红热
24. 麻疹患者出疹_____天前后均有传染性。
    A. 7　　　　　　　　　　　　　　　　B. 10
    C. 14　　　　　　　　　　　　　　　 D. 5
25. 麻疹合并肺炎者需隔离至出疹后_____天。
    A. 7　　　　　　　　　　　　　　　　B. 10
    C. 14　　　　　　　　　　　　　　　 D. 5
26. 3 岁的红红近几日发热，全身皮肤出现淡红色斑疹，继之发展成透明的椭圆形小水

疱，周围有红晕，她最可能得的疾病是_____。

  A. 水痘   B. 麻疹

  C. 风疹   D. 幼儿急疹

27. 以下有关水痘的描述错误的是_____。

  A. 传染性强，感染后可获得持久免疫   B. 发热退去后就不再具有传染性

  C. 可以通过飞沫呼吸道传播   D. 水痘也可能致命

28. 预防水痘最有效的方法是_____。

  A. 切断传播途径   B. 接种水痘疫苗

  C. 本病流行期间少去公共场所   D. 卫生消毒

29. 流行性腮腺炎应隔离至_____为止。

  A. 腮腺肿胀消退后 3 天   B. 腮腺肿胀消退后 7 天

  C. 腮腺肿胀消退后 14 天   D. 腮腺肿胀消退后 21 天

30. 以下有关流行性感冒的描述错误的是_____。

  A. 具有季节性   B. 在感染后可产生一定的免疫力

  C. 大多为自限性   D. 不会通过飞沫传播

31. 以下关于流行性感冒的预防描述错误的是_____。

  A. 加强流感的检疫，以早期发现患儿   B. 养成良好的个人卫生习惯

  C. 诊断明确者可用抗生素治疗   D. 接种流感疫苗进行预防

32. 明明得了流行性感冒，应该口服_____治疗。

  A. 头孢他啶   B. 阿奇霉素

  C. 奥司他韦   D. 罗红霉素

33. 某幼儿园发现 1 名猩红热儿童，以下保育员的做法正确的是_____。

  A. 对其他幼儿加强晨、午检   B. 患儿接触过的食具不需消毒

  C. 关闭窗户以免病毒扩散   D. 患病儿童包裹严实可以正常上课

34. 猩红热一般需隔离至_____。

  A. 体温正常   B. 青霉素治疗 10 天，链球菌培养阴性

  C. 皮疹消退   D. 症状消失，咽拭子培养链球菌阴性

35. 细菌性菌痢患儿_____方可解除隔离。

  A. 临床症状消失，大便培养连续 1 次阴性

  B. 临床症状基本消失，大便培养连续 1 次阴性

  C. 临床症状消失，大便培养连续 2 次阴性

  D. 临床症状基本消失，大便培养连续 2 次阴性

36. 预防接种又称_____。

    A. 人工免疫　　　　　　　　B. 基础免疫

    C. 被动免疫　　　　　　　　D. 加强免疫

37. _____个月以上的婴儿从母体获得的抗体已经逐渐消失,易感染疾病。

    A. 4　　　　　　　　　　　B. 5

    C. 6　　　　　　　　　　　D. 7

38. 以下疫苗不需要复种的是_____。

    A. 乙肝疫苗　　　　　　　　B. 卡介苗

    C. 百白破疫苗　　　　　　　D. 麻腮风疫苗

39. 以下疫苗属于联合疫苗的是_____。

    A. 乙肝疫苗　　　　　　　　B. 卡介苗

    C. 百白破疫苗　　　　　　　D. 麻疹疫苗

40. 按照疫苗成分分类,疫苗分为_____。

    A. 减毒活疫苗和灭活疫苗　　B. 一类和二类疫苗

    C. 单苗和联合疫苗　　　　　D. 甲类和乙类疫苗

41. 乙肝疫苗需要接种_____次。

    A. 2　　　　　　　　　　　B. 3

    C. 4　　　　　　　　　　　D. 5

42. 卡介苗接种的时间是_____。

    A. 出生时　　　　　　　　　B. 出生后 1 个月

    C. 出生后 3 个月　　　　　　D. 出生后 6 个月

43. 以下属于儿童一类疫苗的是_____。

    A. 流感病毒疫苗　　　　　　B. 水痘疫苗

    C. 轮状病毒疫苗　　　　　　D. 乙肝疫苗

44. 婴幼儿在接种后_____h 左右会有局部或全身的反应。

    A. 12　　　　　　　　　　　B. 24

    C. 36　　　　　　　　　　　D. 48

45. 对疫苗注射处出现的红肿,可采取_____的方法。

    A. 不处理　　　　　　　　　B. 局部冷敷

    C. 局部热敷　　　　　　　　D. 局部喷消炎药

46. 以下关于接种疫苗后儿童的护理措施错误的是_____。

    A. 多饮食　　　　　　　　　B. 多洗澡

C. 多休息   D. 观察不良反应

47. 大部分儿童接种反应症状是轻微的、暂时的，一般_____后便可消失。
    A. 1~2 天   B. 3~4 天
    C. 5~6 天   D. 1 周

48. 出生时接种_____后会出现左上臂接种部位红肿、化脓，一般不需要处理。
    A. 流感病毒疫苗   B. 水痘疫苗
    C. 卡介苗   D. 乙肝疫苗

49. _____是婴儿出生后真正适应外界环境突变的重要的时期。
    A. 新生儿期   B. 婴儿期
    C. 幼儿期   D. 学龄期

50. _____是儿童生长发育的第一个高峰。
    A. 新生儿期   B. 婴儿期
    C. 幼儿期   D. 学龄期

51. 儿童出现第二个生长发育的高峰期是_____。
    A. 学龄前期   B. 青春期
    C. 幼儿期   D. 学龄期

52. _____岁以上儿童量身高。
    A. 1   B. 2
    C. 3   D. 4

53. 以下关于测量头围的描述错误的是_____。
    A. 脱去帽子
    B. 用无弹性的软尺测量
    C. 测量时软尺应紧贴皮肤
    D. 所用软尺要标准，不需要有 0.1 cm 的刻度

54. 某儿童身高为均值+0.9SD，评价为_____。
    A. 中下   B. 中
    C. 中上   D. 上

55. 某儿童体重为均值-1.4SD，评价为_____。
    A. 中下   B. 中
    C. 下   D. 低

56. 儿童体格生长评价内容不包括_____。
    A. 生长水平   B. 生长速度

C. 生长规律　　　　　　　　　　　D. 匀称度

57. 体型匀称指数不包括_____。
    A. 身高别体重　　　　　　　　　B. 坐高/身高
    C. 年龄的体质指数　　　　　　　D. 上下部比

58. WHO 建议，婴儿_____个月内纯母乳喂养。
    A. 3　　　　　　　　　　　　　B. 4
    C. 5　　　　　　　　　　　　　D. 6

59. 户外活动可促进皮肤的光照，合成维生素_____。
    A. A　　　　　　　　　　　　　B. D
    C. C　　　　　　　　　　　　　D. E

60. 儿童_____月龄后应注意添加红肉类等富含铁的食物预防贫血。
    A. 5　　　　　　　　　　　　　B. 6
    C. 7　　　　　　　　　　　　　D. 8

61. 儿童青少年应每天摄入_____mL 左右的牛奶。
    A. 250　　　　　　　　　　　　B. 500
    C. 750　　　　　　　　　　　　D. 1 000

62. 以下有关运动的描述错误的是_____。
    A. 促进心肺功能　　　　　　　　B. 使血液循环加快
    C. 使新陈代谢减慢　　　　　　　D. 促进骨骼生长

63. 体弱儿不包括_____。
    A. 患支气管肺炎的婴幼儿　　　　B. 患营养不良的婴幼儿
    C. 早产儿　　　　　　　　　　　D. 患先天性心脏病的婴幼儿

64. 早产儿出生时不满_____周。
    A. 35　　　　　　　　　　　　　B. 37
    C. 39　　　　　　　　　　　　　D. 40

65. 低出生体重儿的出生体重不满_____g。
    A. 1 000　　　　　　　　　　　B. 1 500
    C. 2 000　　　　　　　　　　　D. 2 500

66. 儿童体弱的原因不包括_____。
    A. 喂养方式　　　　　　　　　　B. 母亲的文化程度
    C. 先天因素　　　　　　　　　　D. 过度运动

67. 缺乏维生素_____，可引起反复呼吸道感染。

A. A B. C
C. D D. E

68. 以下有关体弱儿体育锻炼中的注意事项错误的是_____。
   A. 遵循循序渐进的原则 B. 活动量由大逐渐减小
   C. 运动后及时补充水分 D. 及时地鼓励表扬

69. 以下有关营养不良儿的膳食调理描述错误的是_____。
   A. 米面搭配 B. 先添加质软、易消化食品
   C. 循序渐进增加摄入量 D. 适当减少总摄入量

70. 对于贫血体弱儿，平日应多食富含铁的_____食物。
   A. 红肉类 B. 奶类
   C. 谷薯类 D. 水果类

71. 维生素_____对铁的吸收有促进作用。
   A. A B. D
   C. C D. E

72. 以下有关反复呼吸道感染和患肺炎幼儿的膳食调理建议说法错误的是_____。
   A. 进食质软、易消化的食品 B. 多饮白开水
   C. 不能吃高蛋白的食物以免积食 D. 食用流质和半流质食品

73. 以下不属于问题行为三层含义的是_____。
   A. 问题行为对自己或他人产生不利影响
   B. 问题行为不符合社会期望而不被人们所接受
   C. 问题行为或轻度或重度地偏离于同龄人的正常行为
   D. 问题行为是先天的一种疾病

74. 行为有四种功能，分别是实物强化行为、注意力强化行为、逃避强化行为和_____。
   A. 自我欣赏 B. 自我刺激行为
   C. 自我激励行为 D. 自我反省

75. 在应用行为分析中，行为有四种功能：实物强化行为、注意力强化行为、逃避强化行为和自我刺激行为，其中正面注意力强化行为有_____。
   A. 表扬 B. 批评
   C. 惩罚 D. 无法确定

76. 攻击性行为又称侵犯性行为，通常是指_____。
   A. 身体上的进攻 B. 言语上的攻击

C. 侵犯别人的权利　　　　　　D. 以上都是

77. 幼儿打、踢、咬行为属于_____。
   A. 身体上的进攻性行为　　　B. 言语上的攻击性行为
   C. 侵犯别人的权利行为　　　D. 自残式行为

78. 社会退缩又叫社交敏感性障碍，指儿童_____并达到异常程度。
   A. 对新环境或陌生人产生的恐惧
   B. 产生焦虑情绪
   C. 产生回避行为、焦虑情绪
   D. 对新环境或陌生人产生的恐惧、焦虑情绪、回避行为

79. _____气质儿童更易脾气爆发。
   A. 易养性　　　　　　　　　B. 启动缓慢型
   C. 难养型　　　　　　　　　D. 中间偏易养型

80. 问题行为的干预应在_____时开始。
   A. 孩子情绪发作　　　　　　B. 问题行为强化
   C. 孩子情绪平稳或者行为强度尚低　D. 重度恋物行为后

参考答案及说明

一、判断题

1. √	2. ×	3. ×	4. √	5. ×	6. ×	7. ×	8. √	9. √	10. √
11. ×	12. ×	13. √	14. ×	15. √	16. ×	17. ×	18. √	19. √	20. ×
21. ×	22. √	23. √	24. ×	25. √	26. ×	27. ×	28. ×	29. √	30. ×
31. √	32. ×	33. √	34. ×	35. ×	36. √	37. ×	38. ×	39. ×	40. √
41. √	42. √	43. √	44. √	45. √	46. √	47. √	48. √	49. √	50. √
51. ×	52. √	53. √	54. √	55. √	56. √	57. √	58. √	59. √	60. √

【说明】

2. ×　消瘦是指婴幼儿的体重比相应年龄组人群按身高的体重均值数低两个标准差以上。

3. ×　如果发现与往日相比，孩子的精神不好，容易哭闹，爱发脾气，心绪不宁，表情痛苦，不能平静地玩耍和游戏，并长时间处于这种状态，且难以通过孩子感兴趣的玩具、游戏等方法转移注意力，改变孩子的精神和情绪，则表明孩子可能生病了，需要引起老师的重视。

5. ×　病后初愈的婴幼儿应避免剧烈活动，让孩子多休息。可以卧床休息、睡觉，也可以进行一些活动量小、轻松的活动，以减少机体消耗，促进身体恢复，增强机体的抵抗力。

6. ×　测量体温前 30 min 应避免以下活动：进食、喝热水、热敷、洗澡、剧烈活动等。

7. ×　如果发热时患儿手足凉、畏寒、打寒战，此时体温处于上升期，要给患儿捂盖得厚一点，等患儿手足暖后及时解开衣被散热。如果发热时患儿手足暖，则穿衣不宜过厚，特别是婴儿不可包裹得过厚过紧，甚至捂住头面部，否则会影响身体散热，导致体温难降，甚至导致捂被综合征，出现脱水甚至休克危及生命。

11. ×　如果遇到婴幼儿高热惊厥发作，保育员在拨打急救电话的同时应就地抢救。一般不建议按压人中，避免造成局部出血。

12. ×　一般高热惊厥出现在疾病初期体温骤然上升时，表现为意识丧失、呼之不应、双目凝视、牙关紧闭、全身或局限性肢体抽搐，严重者甚至脚弓反张、颈项强直、面色发绀。

14. ×　部分手足口病患儿可伴有咳嗽、流涕、食欲不振、流涎等症状。

16. ×　麻疹以发热、结膜炎、口腔麻疹黏膜斑、全身斑丘疹及疹退后遗留色素沉着伴糠麸样脱屑为特征。

17. ×　补充维生素 A 可减轻麻疹症状。

20. ×　患流感儿童可给予奥司他韦等抗病毒治疗，发热时采取降温措施。

21. ×　猩红热临床以发热、咽喉肿痛或伴糜烂、全身猩红色皮疹、疹后脱屑蜕皮为特征。

24. ×　经过基础免疫后，体内获得针对传染病的免疫力，经过一段时间后体内的抗体下降到一定程度时，若重复接种一次就可使对传染病的免疫力提高，以巩固免疫效果。这种复种称为加强免疫。

26. ×　联合疫苗能预防的疾病数量多，大大减少了婴幼儿总体接种次数，并降低了不良反应风险率。

27. ×　一类疫苗是指政府免费向公民提供，公民应当依照政府的规定接种的疫苗。二类疫苗是专家建议接种，由公民自费并且自愿受种的其他疫苗。

28. ×　婴幼儿在接种后 24 h 左右会有局部或全身的反应，局部反应表现为注射部位红肿硬结，严重者可引起附近淋巴结肿大，有压痛感。对注射处出现的红肿，可采取局部热敷的方法，如红肿范围过大或局部破溃流脓，要及时就医。

30. ×　接种卡介苗后，2 周左右出现红肿、化脓，无须处理，为接种后正常反应。

32. ×　3 岁以上儿童量身高，要取立正姿势，脱去帽、鞋、袜，松开发辫，穿单衣站在测量仪上，头部保持正直位置，两眼直视正前方。

34. × 测量胸围时，用左手拇指将无弹性的软尺零点固定在被测者胸前乳头下缘，右手将软尺经右侧绕背部（以两肩胛下角下缘为准），经左侧面回至零点，取平静呼吸时的中间读数。

35. × 测量头围时，测量值应用无弹性的软尺从头部经右侧眉弓上缘过枕骨粗隆，再从左侧眉弓上缘回至零点，读出头围数字。

38. × BMI 与身体脂肪存在高度的相关性，对≥2 岁儿童超重、肥胖的判断优于身高别体重。

39. × 强调婴儿期进行母乳喂养，WHO 建议 6 个月内纯母乳喂养，如有条件，建议母乳喂养持续到 2 岁。

43. × 早产儿出生时不满 37 周，低出生体重儿的出生体重不满 2 500 g。

46. × 在托幼机构的各种体力活动尤其是体育活动中，保育员要对体弱儿进行个别教育与护理。

48. × 对缺铁性贫血的婴幼儿，需多摄食深绿叶蔬菜和水果，同时少食芹菜、蒜苗、韭菜等草酸含量的蔬菜，以利于铁的吸收。

51. × 问题行为是儿童发展过程中出现的某些不符合社会规范，某些过于激烈，甚至暴力的行为，它属于心理卫生保健工作预防及矫正的范畴。

55. × 社会退缩又叫社交敏感性障碍，指儿童对新环境或陌生人产生的恐惧、焦虑情绪和回避行为并达到异常程度。

57. × 父母对孩子的恋物行为听之任之会产生负面效果。重度的恋物行为会使孩子根本无法离开所恋之物，孩子心理的成长将遭遇重大考验。随着生理发育的需要，其恋物行为会发展成为恋物癖。

二、单项选择题

1. D　解析：婴幼儿生长发育最常用的评价指标是形态指标，身长（身高）、体重及头围这三项指标不仅测试方便，而且能为准确评价婴幼儿生长发育水平提供重要的信息。

2. B　解析：肥胖是指婴幼儿体重超过按身高计算的标准体重20%以上。

3. C　解析：肥胖是指婴幼儿体重超过按身高计算的标准体重 20%以上，超过 20%～30%为轻度肥胖，超过 30%～50%为重度肥胖。

4. C　解析：身材矮小是指婴幼儿身高比相应年龄组人群按年龄的身高均值低 2 个标准差以上。

5. C　解析：精神萎靡不属于健康的精神状态。

6. A　解析：正常的婴幼儿面色红润，眼睛明亮有神，看上去非常精神。生病的婴幼儿则可能会出现面色比平时苍白或明显发红，双眼无神，好似凝视远方，同时伴有尖声啼哭等现象。

7. C　解析：儿童恶心、呕吐代表胃肠道可能出现了疾病。

8. A　解析：生病后的婴幼儿应该减少活动量，尽量避免剧烈活动，让孩子多休息。可以卧床休息、睡觉，也可以进行讲故事、搭积木、画画等一些活动量小、轻松的活动，以减少机体消耗，促进身体恢复，增强机体的抵抗力。

9. B　解析：通过测量体温可确定婴幼儿是否发热，体温超过37.5 ℃为发热，37.5～38 ℃为低热，38.1～38.9 ℃为中热，39～40.4 ℃为高热，超过40.5 ℃为超高热。

10. A　解析：使用体温计前，应把体温计的刻度甩至35 ℃以下。

11. C　解析：一般于用药后30 min后复测体温，记录体温变化，以观察患儿的用药效果。

12. C　解析：对发热患儿护理，应保持患儿所处环境的清洁和安静，注意让患儿多休息，酌情给予患儿营养丰富且易于消化的流质或半流质食物，并让患儿多量多次喝温水，补充因高热而丧失的水分，有利于患儿退热和体内毒素的排泄。还要注意及时增减衣物，加强口腔及皮肤护理。

13. D　解析：物理降温包括冰袋降温法、温水浴、冷湿敷。

14. B　解析：使用冰袋降温时胸腹部不可放冰袋，防止心率减慢或腹泻。使用冰袋时还要经常更换部位，防止冻伤。

15. C　解析：一般退热药物起效时间是30～40 min。

16. A　解析：如果儿童在托幼机构出现高热惊厥，保教人员应立即拨打急救电话，同时让儿童平卧，清除口腔分泌物以免倒吸而影响呼吸。患儿牙关紧闭时不要强行撬开，以免牙齿脱落造成意外窒息。一般不建议按压人中，避免造成局部出血、外伤甚至感染。

17. A　解析：传染病的特性包括由病原体引发，具有一定传染性，具有免疫性，病程具有一定规律性。

18. D　解析：传染病在人群中发生和传播的过程包括3个基本环节，即传染源、传播途径、易感人群。

19. C　解析：手足口病是由肠道病毒感染引起的传染病，多发生于5岁以下的婴幼儿，典型症状有急性起病，发热，口腔、手掌、脚掌及臀部的斑丘疹及疱疹。

20. A　解析：手足口病临床表现复杂而多样，根据病情的轻重程度，分为普通病例和重症病例两种。少数病例病情进展迅速，在发病1～5天出现脑膜炎、脑炎、脑脊髓炎、肺水肿、循环障碍等，极少数病例病情危重，可致死亡，存活病例可留有后遗症。

21. C　解析：已确诊手足口病患儿注意隔离至14天，避免交叉感染。

22. B　解析：手足口病的主要预防措施是接种EV71病毒灭活疫苗。

23. B　解析：麻疹的主要临床表现是发热、结膜炎、口腔麻疹黏膜斑、全身斑丘疹及疹退后遗留色素沉着伴糠麸样脱屑。

24. D　解析：麻疹患者出疹前后 5 天均有传染性。

25. B　解析：麻疹合并肺炎者隔离至出疹后 10 天。

26. A　解析：水痘是由水痘—带状疱疹病毒引起的常见的出疹性传染病。主要临床表现是皮肤黏膜相继出现或同时出现斑疹、丘疹、疱疹和结痂等各类皮疹。

27. B　解析：水痘自发疹前 24 h 至皮疹完全结痂为止，均具有传染性，人群普遍易感，在托幼机构易发生流行。

28. B　解析：预防水痘最有效的方法是接种水痘疫苗。

29. A　解析：流行性腮腺炎应隔离至腮腺肿胀消退后 3 天为止。

30. D　解析：流行性感冒具有季节性，主要通过飞沫经呼吸道传播，也可通过口腔、鼻、眼睛等处黏膜直接或间接接触传播，大多为自限性，在感染后可产生一定的免疫力。

31. C　解析：流行性感冒的防治措施包括加强流感的检疫，以早期发现患儿，及时报告、隔离、登记；加强环境消毒，以防止疫情扩散；帮助婴幼儿养成良好的个人卫生习惯；诊断明确者可口服奥司他韦等抗病毒药物治疗；接种流感疫苗是其他方法不可替代的最有效预防流感及其并发症的手段。

32. C　解析：确诊流行性感冒的患儿应该给予奥司他韦等抗病毒治疗。

33. A　解析：一旦发现猩红热患儿应及时隔离。对保教人员及其他婴幼儿要加强晨、午检，注意观察有无咽炎、扁桃体炎等嗓子痛的可疑患者，发现后及时去医院诊断治疗。患儿接触过的食具要煮沸消毒，用具、桌椅等用来苏水擦拭消毒。室内应充分通风换气。

34. D　解析：猩红热患儿及时隔离，直至临床症状消失、咽拭子培养链球菌阴性时解除隔离。

35. C　解析：细菌性菌痢患儿应进行隔离，直至临床症状消失、大便培养连续 2 次阴性方可解除隔离。对密切接触者医学观察 7 天。

36. A　解析：预防接种又称人工免疫。

37. C　解析：一般来说，6 个月以上的婴儿从母体获得的抗体已经逐渐消失，容易感染疾病。

38. B　解析：卡介苗不需要复种。

39. C　解析：百白破疫苗属于联合疫苗。

40. C　解析：按照疫苗成分分类，疫苗分为单苗和联合疫苗。

41. B　解析：乙肝疫苗需要接种 3 次。

42. A　解析：出生时接种卡介苗。

43. D　解析：乙肝疫苗属于一类疫苗。

44. B　解析：婴幼儿在接种后24 h左右会有局部或全身的反应。

45. C　解析：对注射处出现的红肿，可采取局部热敷的方法，如红肿范围过大或局部破溃流脓，要及时就医。

46. B　解析：接种当天，不能给婴幼儿洗澡。

47. A　解析：大部分儿童接种反应症状是轻微的、暂时的，一般1~2天后便可消失。

48. C　解析：出生时接种卡介苗后会出现左上臂接种部位红肿、化脓，一般不需要处理。

49. A　解析：新生儿期是婴儿出生后真正适应外界环境突变的重要的时期。

50. B　解析：婴儿期是从婴儿出生到满周岁，是儿童生长发育的第一个高峰。

51. B　解析：青春期出现第二个生长发育的高峰。

52. C　解析：3岁以上儿童量身高。

53. D　解析：测量头围时被测儿童取坐位或立位，脱去帽子，测量者用无弹性的软尺从头部经右侧眉弓上缘过枕骨粗隆，再从左侧眉弓上缘回至零点，读出头围数字，误差不超过0.1 cm。测量时软尺应紧贴皮肤，左右对称。所用软尺要标准，有0.1 cm的刻度。

54. B　解析：身高为均值±1SD评价为中，均值+（1SD~2SD）评价为中上；＞均值+2SD评价为上；均值-（1SD~2SD）评价为中下；＜均值-2SD评价为下。

55. A　解析：同上。

56. C　解析：儿童体格生长评价内容包括生长水平、生长速度、匀称度。

57. D　解析：体型匀称指数包括身高别体重、坐高/身高、年龄的体质指数。

58. D　解析：WHO建议婴儿6个月内纯母乳喂养。

59. B　解析：户外活动可促进皮肤的光照，合成维生素D。

60. C　解析：儿童7月龄后应注意添加红肉类等富含铁的食物预防贫血。

61. B　解析：儿童青少年应每天摄入500 mL左右的牛奶。

62. C　解析：运动能促使骨骼生长加速，增加肌肉力量，能促进心肺功能，使血液循环加快，新陈代谢加强，心肌发达，收缩力加强。

63. A　解析：体弱儿指患有下列疾病的婴幼儿，如缺铁性贫血、维生素D缺乏性佝偻病、营养不良、反复感染、先天性心脏病、癫痫病、精神发育迟滞、常见畸形等。此外，还包括早产儿、低出生体重儿、足月小样儿等。

64. B　解析：早产儿出生时不满37周。

65. D　解析：低出生体重儿的出生体重不满2 500 g。

66. D　解析：儿童体弱的原因不包括过度的运动。

67. A　解析：缺乏维生素A可引起反复呼吸道感染，并且消化道黏膜抵抗力下降，严重时引起角膜软化、夜盲症等。

68. B　解析：体弱儿在体育锻炼中要遵循循序渐进的原则，活动量由小逐渐增大。

69. D　解析：针对营养不良儿的膳食调理建议有调整膳食，提高总摄入量，循序渐进增加摄入量。先添加质软、易消化食品。

70. A　解析：对于贫血体弱儿，平日应多食富含铁的红肉类食物。

71. C　解析：维生素C对铁的吸收有促进作用。

72. C　解析：针对反复呼吸道感染和患肺炎幼儿的膳食调理，建议发病期选用清淡少油、质软、易消化的食品，组合成营养丰富的流质和半流质食品；恢复期选用质软、易消化的食品，同时添加高蛋白的动物食品，以增强幼儿体质，提高对呼吸道感染的抵抗力。

73. D

74. B　解析：行为有四种功能，分别是实物强化行为、注意力强化行为、逃避强化行为和自我刺激行为。

75. A　解析：表扬为正面注意力强化行为。

76. D　解析：攻击性行为又称侵犯性行为，通常是指身体上的进攻、言语上的攻击和侵犯别人的权利。

77. A　解析：幼儿打、踢、咬行为属于身体上的进攻性行为。

78. D　解析：社会退缩又叫社交敏感性障碍，指儿童对新环境或陌生人产生的恐惧、焦虑情绪、回避行为并达到异常程度。

79. C　解析：难养型气质儿童更易脾气爆发。

80. C　解析：问题行为的干预应在孩子情绪平稳或者行为强度尚低时开始。

技能操作辅导练习题

【题目1】高热惊厥患儿的发现与急救护理

1. 考场准备

（1）本题分值：10分。

（2）考核时间：5 min。

（3）考核形式：模拟操作。

（4）设备设施准备：手电筒、体温计、记录笔、记录表、成块的纱布、退热药瓶、模拟人。

2. 考核要求及注意事项

（1）操作演示发现高热惊厥患儿的流程、急救流程、体温处理流程。

（2）记录结果并报告。

（3）按考核要点要求依次进行，时间一到立即停止操作，操作超过 5 min 本题零分。

3. 考核目的

保育员对高热惊厥的正确认识及发现高热惊厥患儿后的正确处理。

4. 评分项目及标准

评分项目	考核要点	配分	评分标准
1. 高热惊厥患儿的发现	（1）意识丧失、呼之不应（0.5分） （2）双目凝视、牙关紧闭（0.5分） （3）全身或局限性肢体抽搐（0.5分） （4）严重者甚至脚弓反张、颈项强直、面色发绀等（0.5分）	2分	错、漏一项扣0.5分
2. 患儿惊厥发作时急救	（1）拨打急救电话（0.5分） （2）立即移开可能对患儿造成损伤的物品，让患儿平卧于床上或地面上（1分） （3）解衣领，松衣服，将患儿头偏向一侧，防止舌后坠阻塞呼吸道（1分） （4）清除患儿口鼻分泌物、呕吐物等，保持呼吸道通畅（1分） （5）患儿牙关紧闭时不要强行撬开，以免牙齿脱落造成意外窒息（0.5分）	4分	错、漏一项扣相应分值
3. 体温处理	（1）如患儿体温过高，惊厥发作时不建议使用口服退热药物以免造成误吸（1分） （2）适当给予物理降温（1分） （3）抽搐缓解后给予口服退热药物或者肛门内塞退热栓（1分）	3分	错、漏一项扣1分
4. 记录	（1）惊厥发作终止后给予降温（0.5分） （2）记录患儿姓名、发作的表现形式、持续时间等（0.5分）	1分	错、漏一项扣0.5分
合计		10分	

【题目2】冰袋降温

1. 考场准备

（1）本题分值：10分。

（2）考核时间：5 min。

（3）考核形式：模拟操作+口述。

（4）设备设施准备：冰袋、体温计、记录笔、记录表、毛巾、模拟人。

2. 考核要求及注意事项

（1）操作演示准备流程、操作方法、观察流程和记录流程。

(2) 按考核要点要求依次进行，时间一到立即停止操作，操作超过 5 min 本题零分。

3. 考核目的

保育员掌握正确的冰袋降温方法，并正确操作。

4. 评分项目及标准

评分项目	考核要点	配分	评分标准
1. 准备	检查冰袋完整、无漏水（1分）	1分	无检查扣1分
2. 降温操作	（1）将冰袋放置于额头部（0.5分）、颈部两侧（0.5分）、腋窝（0.5分）、腹股沟及腘窝（0.5分）等血流丰富处 （2）注意检查冰块融化情况，及时更换（1分） （3）每次放置时间不超过30 min（1分）	4分	错、漏一项扣相应分值
3. 观察	在使用冰袋过程中观察局部皮肤的变化，注意局部皮肤有无发紫、麻木及冻伤发生	1分	错、漏一处扣0.5分，扣完为止
4. 记录	使用冰袋后1 h左右测量体温以观察降温效果	1分	错、漏扣1分
5. 口述注意事项	（1）冰袋与皮肤之间用毛巾隔开，以免患儿不舒服或局部组织冻伤（1分） （2）胸腹部不可放冰袋，防止心率减慢或腹泻（1分） （3）使用冰袋时还要经常更换部位，防止冻伤（1分）	3分	错、漏一项扣1分
合计		10分	

【题目3】发热婴幼儿的观察与护理

1. 考场准备

(1) 本题分值：10分。

(2) 考核时间：5 min。

(3) 考核形式：模拟操作。

(4) 设备设施准备：冰袋、体温计、记录笔、记录本、毛巾、退热药、纸杯、模拟人。

2. 考核要求及注意事项

(1) 操作演示准备流程、观察并发现发热婴幼儿的流程、发热婴幼儿就医前的观察与护理流程以及发热婴幼儿就医后的观察与护理流程。

(2) 按考核要点要求依次进行，时间一到立即停止操作，操作超过 5 min 本题零分。

3. 考核目的

保育员掌握婴幼儿发热的发现方法，并能正确处理婴幼儿发热。

4. 评分项目及标准

评分项目	考核要点	配分	评分标准
1. 物品准备	（1）体温计（0.5分） （2）纸杯、毛巾、记录本、记录笔（0.5分）	1分	错、漏一项扣相应分值
2. 观察并发现发热孩子	（1）发现孩子精神不好、颜面潮红、身上热等，要及时测量体温（1分） （2）联系保健医生，排除传染病方能继续留园（1分）	2分	错、漏一项扣相应分值
3. 发热孩子就医前的观察与护理	（1）体温观察（1分） （2）一般情况观察：观察患儿食欲、精神状态和睡眠情况（1分） （3）伴随症状观察：注意面色、呼吸是否急促，是否伴喘息、皮疹、呕吐、腹痛、腹泻等（1分） （4）严重情况的观察：如出现大汗淋漓、面色苍白、软弱无力等虚脱现象，或者出现精神萎靡、呼吸费力、皮肤出血点或瘀斑等要及时送医（1分）	4分	错、漏一项扣相应分值
4. 发热孩子就医后的观察与护理	（1）环境：环境保持清洁和安静，避免阴暗潮湿，每天通风（0.5分） （2）休息：让患儿多休息，避免剧烈活动（0.5分） （3）饮食：给予营养丰富且易于消化的流质或半流质食物（0.5分） （4）着装：及时增减衣物（0.5分） （5）口腔及皮肤护理：每次进食后喝水或漱口，勤洗手，保持衣物干爽（0.5分） （6）监测体温，酌情给予物理或药物降温（0.5分）	3分	错、漏一项扣相应分值，扣完为止
合计		10分	

【题目4】患流行性感冒婴幼儿的观察与护理

1. 考场准备

（1）本题分值：10分。

（2）考核时间：5 min。

（3）考核形式：模拟操作+口述。

（5）设备设施准备：冰袋、体温计、记录笔、记录本、毛巾、退热药、纸杯、模拟人。

2. 考核要求及注意事项

（1）操作演示准备流程、观察发现上报隔离流程、护理流程、消毒排查避免交叉感染流程，进行正确的流感知识宣传。

（2）按考核要点要求依次进行，时间一到立即停止操作，操作超过5 min本题零分。

3. 考核目的

保育员掌握流感的特征，能及时发现患儿并进行正确处理。

4. 评分项目及标准

评分项目	考核要点	配分	评分标准
1. 准备演示	（1）检查体温计（0.5分） （2）纸杯、毛巾、记录笔等物品完备（0.5分）	1分	错、漏一项扣0.5分
2. 观察、发现上报、隔离演示	（1）如发现孩子精神不好、颜面潮红、身上热、流涕等，要及时测量体温，联系保健医生，初步考虑是患流感（1分） （2）把传染病信息上报给上级部门，及时单间隔离（1分）	2分	错、漏一项扣1分
3. 观察、护理演示	（1）遵照医嘱合理用药，发热时酌情给予物理或药物降温（0.5分） （2）注意休息与饮食，给予清淡易消化饮食，补充水分（0.5分） （3）口腔及皮肤护理：进食后喝水或漱口。勤洗手，保持衣物干爽（0.5分） （4）着装：及时增减衣物（0.5分） （5）观察有无并发症：有无咳嗽剧烈、呼吸急促、胸闷、头痛、恶心、呕吐等（0.5分） （6）及时登记患儿姓名、体温等情况（0.5分）	3分	错、漏一项扣0.5分
4. 消毒、排查演示	（1）排查：对幼儿园所有小朋友进行全面排查（1分） （2）消毒：对患儿所在班级的活动室、睡眠室和所有的玩具、物品进行消毒（1分）	2分	错、漏一项扣1分
5. 口述加强流感知识宣传	（1）召开家长会，向家长系统地介绍流感的发病、传播、治疗的基本常识（1分） （2）提倡接种流感疫苗，居室通风，流行季节不去人多密集场所，做好手卫生，室内保持空气新鲜（1分）	2分	错、漏一项扣1分
合计		10分	

【题目5】预防接种后婴幼儿的观察与护理

1. 考场准备

（1）本题分值：10分。

（2）考核时间：5 min。

（3）考核形式：模拟操作。

（4）设备设施准备：体温计、记录笔、记录本、毛巾、退热药、纸杯、模拟人。

2. 考核要求及注意事项

（1）操作演示准备流程、接种后婴幼儿基本护理流程、观察接种后的不良反应、出现不良反应后的护理流程。

(2) 按考核要点要求依次进行，时间一到立即停止操作，操作超过 5 min 本题零分。

3. 考核目的

保育员掌握预防接种的准备、接种后的基本护理流程，能正确进行出现不良反应的护理。

4. 评分项目及标准

评分项目	考核要点	配分	评分标准
1. 准备	(1) 检查体温计 (0.5 分) (2) 纸杯、毛巾、记录笔等物品完备 (0.5 分)	1 分	错、漏一项扣 0.5 分
2. 预防接种后的基本护理	(1) 组织孩子多饮水 (1 分) (2) 接种当天不能给孩子洗澡 (1 分) (3) 接种后的活动量不可过大，可组织接种的孩子进行一些安静的游戏活动，如搭积木、拼图、讲故事等 (1 分) (4) 提醒孩子接种处可能会发痒，但不可抓挠，避免感染 (1 分)	4 分	错、漏一项扣 1 分
3. 观察、发现接种后的不良反应	注意观察孩子是否有发热 (0.5 分)、局部皮肤红肿 (0.5 分)、食欲不振、头疼、恶心 (0.5 分)、呕吐、腹泻 (0.5 分) 等不良反应	2 分	错、漏一处扣相应分值
4. 出现不良反应的护理	(1) 多休息，发痒部位不要抓挠 (1 分) (2) 出现低热时给予物理降温，高热时遵医嘱给予退烧药物，多补充水分 (1 分) (3) 对注射处出现的红肿，可采取局部热敷的方法，如红肿范围过大或局部破溃流脓，要及时就医 (1 分)	3 分	错、漏一项扣 1 分
合计		10 分	

【题目6】婴幼儿体重的测量

1. 考场准备

(1) 本题分值：10 分。

(2) 考核时间：5 min。

(3) 考核形式：实际操作。

(4) 设备设施准备：体重计、记录笔、记录本、模拟人。

2. 考核要求及注意事项

(1) 准备、测量，记录并进行评价。

(2) 按考核要点要求依次进行，时间一到立即停止操作，操作超过 5 min 本题零分。

3. 考核目的

保育员掌握婴幼儿体重的正确测量方法，并进行正确评价。

4. 评分项目及标准

评分项目	考核要点	配分	评分标准
1. 测量准备	（1）校正体重计的零点（0.5分） （2）提醒孩子应在空腹、排空大小便下进行，使孩子裸体或仅穿背心、短裤（0.5分）	1分	错、漏一项扣0.5分
2. 测量体重	（1）婴儿可取卧位（1分） （2）年长儿取站位，两手自然下垂，测量时不能摇晃身体或者接触其他物体（1分） （3）正确使用体重计、读数（1分） （4）使用电子体重计称重时，待数据稳定后读数（1分）	4分	错、漏一项扣1分
3. 记录数据	（1）体重记录以千克（kg）为单位（0.5分） （2）有效数字取至小数点后1位（0.5分）	1分	错、漏一项扣0.5分
4. 评价	上：＞均值+2SD 中上：均值+（1SD~2SD） 中等：均值±1SD 中下：均值-（1SD~2SD） 下：＜均值-2SD	4分	评价错误扣4分
合计		10分	

【题目7】婴幼儿身高/身长的测量

1. 考场准备

（1）本题分值：10分。

（2）考核时间：5 min。

（3）考核形式：实际操作。

（4）设备设施准备：身高体重测量仪或身高仪、记录笔、记录本、模拟人。

2. 考核要求及注意事项

（1）准备、测量，记录并进行评价。

（2）按考核要点要求依次进行，时间一到立即停止操作，操作超过5 min本题零分。

3. 考核目的

保育员掌握婴幼儿身高/身长的正确测量方法，并进行正确评价。

4. 评分项目及标准

评分项目	考核要点	配分	评分标准
1. 测量准备	（1）脱去帽、鞋、袜，松开发辫（0.5分） （2）脱去厚衣服（0.5分）	1分	错、漏一项扣0.5分
2. 测量身高/身长	（1）3岁以内测身长，儿童仰卧于测量床的底板中线上（1分） （2）由助手协助固定头顶接触头板，面部向上，测量者位于儿童右侧，左手握住儿童双膝，右手移动足板使其接触儿童两侧足跟（1分） （3）如果刻度在测量床双侧，则应注意测量床两侧的读数应该一致，一般读取到小数点后1位（1分） （4）3岁以上儿童量身高，要取立正姿势站在测量仪上（1分） （5）头部保持正直位置，两眼直视正前方，胸部稍起，腹部稍微后收，头枕部、双肩、臀部、脚跟在一条线上，两臂自然下垂于身体两侧，手指和脚跟并拢，两脚分开约45°，然后测量。使顶板与颅顶接触，同时观察被测者姿势是否正确，读刻度（1分）	5分	错、漏一项扣1分
3. 记录数据	（1）以厘米（cm）为单位（0.5分） （2）有效数字取至小数点后1位（0.5分）	1分	错、漏一项扣0.5分
4. 评价	上：>均值+2SD 中上：均值+1SD~2SD 中等：均值±1SD 中下：均值-（1SD~2SD） 下：<均值-2SD	3分	评价错误扣3分
合计		10分	

【题目8】婴幼儿头围的测量

1. 考场准备

（1）本题分值：10分。

（2）考核时间：5 min。

（3）考核形式：实际操作。

（4）设备设施准备：软尺、记录笔、记录本、模拟人。

2. 考核要求及注意事项

（1）正确准备、测量，正确记录并进行评价。

（2）按考核要点要求依次进行，时间一到立即停止操作，操作超过5 min本题零分。

3. 考核目的

保育员掌握婴幼儿头围的正确测量方法，并进行正确评价。

4. 评分项目及标准

评分项目	考核要点	配分	评分标准
1. 测量准备	（1）脱去帽子，松开发辫（0.5分） （2）检查软尺刻度是否正确，所用软尺要标准，有0.1cm的刻度（0.5分）	1分	错、漏一项扣0.5分
2. 测量头围	（1）测量者立于被测儿童前方或右方（1分），用无弹性的软尺从头部经右侧眉弓上缘过枕骨粗隆（1分），再从左侧眉弓上缘回至零点，读出头围数字（1分） （2）测量时软尺应紧贴皮肤，左右对称（1分） （3）软尺测量数十次后要再检查刻度是否因反复牵引或汗水浸湿而影响准确性（1分）	5分	错、漏一处扣相应分值
3. 记录数据	（1）以厘米（cm）为单位（0.5分） （2）有效数字取至小数点后1位，误差不超过0.1cm（0.5分）	1分	错、漏一项扣0.5分
4. 评价	上：>均值+2SD 中上：均值+（1SD~2SD） 中等：均值±1SD 中下：均值-（1SD~2SD） 下：<均值-2SD	3分	评价错误扣3分
合计		10分	

【题目9】对体弱儿的运动指导

1. 考场准备

（1）本题分值：10分。

（2）考核时间：5 min。

（3）考核形式：模拟操作+口述。

（4）设备设施准备：记录笔、记录本、模拟人。

2. 考核要求及注意事项

（1）操作演示对体弱儿进行运动指导，回答考评员提问。

（2）按考核要点要求依次进行，时间一到立即停止操作，操作超过5 min本题零分。

3. 考核目的

保育员了解体弱儿的具体情况及体弱的原因，进行有针对性的运动指导。

4. 评分项目及标准

评分项目	考核要点	配分	评分标准
1. 运动指导演示	（1）遵循循序渐进的原则，活动量由小逐渐增大（1分） （2）适当减少体弱儿每次活动的时间，加大间隔休息的时间（1分） （3）活动时尽量把体弱儿安排在自己周围，以方便给予体弱儿更多的关爱与照顾。要及时帮助体弱儿擦汗、穿脱衣服（1分） （4）随时观察活动负荷并灵活降低体弱儿活动的难度与密度等（1分） （5）对学习能力特别弱的体弱儿，要单独指导，将动作进行分解示范，然后逐渐将单个动作连贯起来。及时鼓励体弱儿，增强信心（1分） （6）活动结束后，保育员还要特别提醒体弱儿及时喝水，补充水分（1分）	6分	错、漏一项扣1分
2. 回答问题	（1）体弱儿的概念：指患有下列疾病的婴幼儿，如缺铁性贫血（0.5分）、维生素D缺乏性佝偻病（0.5分）、营养不良（0.5分）、反复感染（0.5分）、先天性心脏病（0.5分）等 （2）体弱的危害：免疫力较差，容易患病（0.5分）。影响儿童身高体重等增长（0.5分），甚至影响智力的发育，对婴幼儿远期发展非常不利（0.5分）	4分	错、漏一处扣0.5分
合计		10分	

【题目10】体弱儿进餐指导

1. 考场准备

（1）本题分值：10分。

（2）考核时间：5 min。

（3）考核形式：模拟操作+口答。

（4）设备设施准备：记录笔、记录本、模拟人。

2. 考核要求及注意事项

（1）操作演示对体弱儿进行进餐指导，并回答考评员提问。

（2）按考核要点要求依次进行，时间一到立即停止操作，操作超过5 min本题零分。

3. 考核目的

保育员了解体弱儿的具体情况及体弱的原因，进行有针对性的进餐指导。

4. 评分项目及标准

评分项目	考核要点	配分	评分标准
1. 进餐指导演示	（1）营造宽松、自然的进餐环境：可以让体弱儿看看有趣的图书，听听愉快的音乐和故事（1分） （2）营造自我服务的进餐环境：在安全的前提下，将饭菜放到方便的位置，让体弱儿自己去盛（1分） （3）及时鼓励：餐前可以进行进餐教育，鼓励体弱儿吃完自己的一份饭菜，只有这样自己才能长高长壮。同时，注意观察体弱儿的食欲，胃口小的体弱儿少盛多添，及时给予表扬和鼓励（1分） （4）提供模仿的机会：让体弱儿与食欲好、食量大的孩子或成人同桌进餐（1分） （5）对于挑食的体弱儿，既要尊重他，了解原因，灵活提供相应的替代食物，又不能随意迁就，改掉体弱儿挑食的坏习惯（1分） （6）营养知识普及：进餐时要向体弱儿反复介绍食物的营养和味道（1分） （7）根据病症的不同，按照医师的建议合理补充相关营养（1分）	7分	错、漏一项扣1分
2. 回答问题	（1）针对营养不良儿的膳食调理建议：调整膳食，循序渐进增加摄入量。先添加质软、易消化食品，适应后根据不同年龄添加牛肉、瘦肉等高蛋白的食物。进餐时适量进行米面搭配（1分） （2）针对缺铁性贫血儿的膳食调理建议：增加优质蛋白，在原有饮食基础上增加鸡蛋、牛肉、瘦猪肉、鸡肉和豆腐等优质蛋白食品。注意添加红肉类含铁丰富食物，多安排富含维生素C的深绿叶蔬菜和水果促进铁的吸收（1分） （3）针对反复呼吸道感染和患肺炎婴幼儿的膳食调理：发病期选用清淡少油、质软、易消化的食品，恢复期选用质软、易消化的食品，同时添加软溜鱼虾球、肉、蛋等高蛋白的动物食品，以增强患儿体质（1分）	3分	错、漏一项扣1分
合计		10分	

职业模块四　辅助教育活动与家长工作

考 核 要 点

考核范围	理论知识考核要点	重要程度	技能考核要点	重要程度
辅助室内教育活动	1. 游戏对婴幼儿的教育作用	掌握	参与组织室内角色游戏活动	掌握
	2. 游戏的分类	掌握		
	3. 室内活动区域的规划	熟悉		
	4. 游戏材料的投放要求	掌握		
	5. 不同类型室内游戏活动的内容及指导重点	掌握		
	6. 参与组织室内游戏活动	掌握		
辅助室外教育活动	1. 托幼机构体育游戏类型及各年龄段体育游戏的特点	掌握	参与组织室外体育游戏	掌握
	2. 幼儿园体育游戏设计及指导原则	掌握		
	3. 参与组织室外体育游戏	掌握		
个别指导	1. 日常生活中观察婴幼儿的重要性	了解	1. 婴幼儿行为观察	掌握
	2. 科学观察婴幼儿的方法	掌握	2. 对肥胖儿的日常生活照顾与指导	掌握
	3. 造成婴幼儿肥胖的原因与肥胖的危害	了解	3. 对多动儿的生活照顾与指导	掌握
	4. 对肥胖儿的个别指导	掌握	4. 对胆怯儿的生活照顾与指导	掌握
	5. 多动儿的行为表现	了解		
	6. 对多动儿的个别指导	掌握		
	7. 胆怯儿的表现与胆怯的危害	了解		
	8. 对胆怯儿的个别指导	掌握		
家长工作指导	1. 保育工作记录的内容	掌握	1. 设计一份家长沟通（预防春季感冒）指导方案	掌握
	2. 与家长的沟通	掌握	2. 设计一份家园共育活动（家长会）的组织与配合指导方案	掌握
	3. 家园共育应遵循的基本原则	掌握		
	4. 家园共育活动的具体类型及方法	掌握		

重点复习提示

一、辅助室内教育活动

1. 游戏对婴幼儿的教育作用

（1）游戏能满足婴幼儿心理发展的需要。

（2）游戏能促进婴幼儿德、智、体、美全面发展。

2. 游戏的分类

（1）依据游戏的教育作用分为创造性游戏和有规则游戏。

（2）根据游戏活动中婴幼儿是否主动参与分为主动性游戏和被动性游戏。

3. 室内活动区域的规划

婴幼儿室内活动区域的规划内容一般包括空间利用、区域与材料安排、墙面与顶面的规划、走廊的规划等。具体要点：根据各类区域的教育功能与特点规划室内活动空间；将婴幼儿表现出来的探索兴趣、经验、作品作为环境规划的内容来源；动态与静态游戏区域应布局合理，尽量不要安排动态活动区域与静态活动区域相邻，以避免相互干扰；根据班级人数的多少提供活动区域，通常30人左右的班级以设4~6个区域为宜；根据婴幼儿喜好、课程、季节等把游戏区区域设置为固定常设区域和变换调整区域。

4. 游戏材料的投放要求

安全、适当、方便。

5. 不同类型室内游戏活动的内容及指导重点

（1）角色游戏的指导重点。角色游戏是婴幼儿根据自己的兴趣和愿望，通过角色扮演来模仿和想象，创造性地表现其生活体验的一种游戏。角色游戏能够很好地促进婴幼儿社会性的发展。

1）学会观察婴幼儿角色扮演的水平。保育员首先要学会观察和了解婴幼儿角色意识的四个阶段，有针对性地进行指导，使婴幼儿的角色扮演水平不断提高。

2）进行必要的游戏指导

①游戏前的指导。首先，要丰富婴幼儿的生活经验，拓宽角色游戏的内容来源。其次，还要为婴幼儿设置固定的游戏场所和设备，提供丰富多样的游戏材料，保证充足的游戏时间，促进游戏深入开展。

②游戏过程中的指导。保育员要随时观察游戏情况，鼓励和协助婴幼儿按照自己的意愿提出游戏的主题，指导他们选择和分配角色，丰富游戏内容和情节以提高游戏水平，并在游

戏出现困难时及时给予必要的帮助。

(2) 建构游戏的指导重点

1) 丰富和加深婴幼儿对物体和建筑物的印象。

2) 引导婴幼儿掌握结构造型的基本技能，培养结构造型的能力。

3) 针对不同年龄的特点具体指导。

4) 注意培养婴幼儿有秩序地游戏的习惯。

(3) 表演游戏的指导重点

1) 内容选择。凡是婴幼儿熟悉并喜欢的故事、童话、诗歌等儿童文学作品及周围生活中有趣味、有意义的人和事都是婴幼儿表演的基本素材。

2) 环境的创设、道具的制作及使用。为了让婴幼儿更容易进入角色，保育员要协助教师根据文学作品的内容创设表演环境及角色扮演的道具。

3) 表演过程指导。选择适合婴幼儿的文学作品，并帮助他们熟悉、理解作品，体验作品中的情境，以便更好地开展表演游戏。同时，也要鼓励和引导孩子们根据自己的理解，对文学作品中的故事情节和台词进行适当的改编或创编，充分发挥他们的想象力和创造力。

(4) 智力游戏的指导重点

1) 编选和设计合适的智力游戏。

2) 教会婴幼儿正确地游戏，遵守游戏规则。

6. 参与组织室内游戏活动

要求提前了解游戏类型及注意事项，并布置好游戏场地，准备好游戏材料。游戏活动中要配合教师，帮助组织游戏，维持纪律。游戏活动后，整理游戏材料、清理现场。

二、辅助室外教育活动

1. 托幼机构体育游戏类型及各年龄段体育游戏的特点

(1) 体育游戏的类型

1) 按游戏组织形式分为自由活动游戏和体育教学游戏。

2) 按游戏有无情节分为主题游戏和无主题游戏。

3) 按游戏活动的形式分为接力游戏、接拍游戏、争夺游戏、角力游戏、猜摸游戏。

(2) 各年龄段体育游戏的特点

1) 托班体育游戏的特点。此阶段处于基础动作阶段的初始期的前期，以发展稳定性动作技能为主，配合一些移动性动作技能。

2) 小班体育游戏的特点。小班幼儿处于基础动作阶段的初始期，应以稳定性动作技能为主、移动性动作技能为辅，适合开展动作比较简单、活动量较小、持续时间较短、情节少、游戏规则比较简单、不带有太多限制性的体育游戏。

3）中班体育游戏特点。中班幼儿已到达基础动作阶段的基础期，应以移动性动作技能为主、稳定性动作技能为辅。可以增加一些规则较为复杂、增加游戏角色、具有一点难度和挑战性、活动性较大的体育游戏，同时增加一定的限制性。

4）大班体育游戏的特点。大班幼儿已到达基础动作阶段的成熟期，在这个阶段的体育游戏，应以操作性动作为主。对幼儿在智力、体力、协作方面增加要求，角色与规则也可以更为复杂，内容活泼、有弹性、多变化，建议多增加合作性与思考性，适时地满足幼儿的挑战心与冒险心。

2. 幼儿园体育游戏设计及指导原则

（1）体育游戏必须贯彻灵巧性原则。

（2）体育游戏必须体现智慧性原则。

（3）体育游戏必须强调安全性原则。

3. 参与组织室外体育游戏

要求提前了解体育游戏的目标、内容及注意事项，组织孩子们分组排成游戏所需要的队形并做热身运动与伸展。在组织教学过程中，示范要标准，讲解要正确，分组练习时要把握活动量，并提醒孩子们注意安全。结束部分做好放松与整理。

三、个别指导

1. 科学观察婴幼儿的方法

观察婴幼儿最常见的方法有两种：一是行为观察法，二是作品观察法。

2. 婴幼儿行为观察

（1）保育员在对婴幼儿运用行为观察法进行观察时要有目的、有计划，深入问题的实质；要在自然状态下进行，不能影响婴幼儿的常态表现；观察、记录要全面客观，避免偶然性。

（2）科学观察婴幼儿。在学习活动、游戏活动、室外活动、生活活动中观察婴幼儿，并观察婴幼儿的角色、表现、行为时间、如何发生等内容，做到科学观察婴幼儿，发现问题及时按流程处理。

3. 对肥胖儿的个别指导

（1）造成婴幼儿肥胖的原因

遗传因素，营养失衡，缺乏运动，不良生活习惯，患有疾病。

（2）对肥胖儿的管理

1）单独登记。

2）向家长发放肥胖儿告知书和婴幼儿基本情况调查表。

3）及时纠正偏食、挑食、吃零食的不良习惯。

4）鼓励肥胖儿适当运动。

5）体育活动时对肥胖儿进行个别指导。

6）鼓励肥胖儿克服自卑心理。

4. 对多动儿的个别指导

（1）儿童多动的原因

精神发育受损或成熟延迟，遗传因素，生物化学及代谢因素，维生素缺乏，金属元素中毒，社会、家庭、心理因素。

（2）对多动儿的指导

1）宽容和接纳多动儿。

2）明确要求，积极引导。

3）培养多动儿的注意力，进行教育干预。

4）干预父母的教养行为，使学前教育和家庭教育同步。

5. 对胆怯儿的个别指导

（1）婴幼儿胆怯的原因

遗传因素，畸形的家庭教育，保育员的教育观念陈旧。

（2）对胆怯儿的行为指导

1）正确认识婴幼儿的胆怯行为。

2）鼓励和锻炼胆怯儿。

3）多与家长沟通，进行合力教育。

四、家长工作指导

1. 保育工作记录的内容

（1）婴幼儿在园生活全日观察。

（2）班级物品消毒情况。

（3）婴幼儿服药记录及药品管理情况。

2. 与家长的沟通

与家长沟通一般采用面谈、电子文档、座谈会、家长会等多种形式。

3. 家园共育应遵循的基本原则

尊重原则，平等原则，教育合作性原则，个体差异的原则。

4. 家园共育活动的具体类型及方法

与家长沟通常见形式有家访、日常沟通、约谈、家长会。

理论知识辅导练习题

一、判断题（下列判断正确的请在括号内打"√"，错误的请在括号内打"×"）

1. 游戏能满足婴幼儿心理发展的需要，是婴幼儿主要的活动。（   ）
2. 游戏能促进婴幼儿体、智、德的发展，但不能促进婴幼儿美育的发展。（   ）
3. 婴幼儿好奇、好动、好模仿，游戏可以满足婴幼儿渴望参加成人的社会实践活动的需要。（   ）
4. 依据游戏的教育作用，将游戏分为创造性游戏、有规则游戏两大类。（   ）
5. 根据游戏活动中婴幼儿是否主动参与，可以将托幼机构游戏分为主动性游戏、建构性游戏两大类。（   ）
6. 被动性游戏属于比较静态的活动。（   ）
7. 保育员要教育婴幼儿可大声喧闹，遵守良好的教室活动秩序和游戏规则。（   ）
8. 婴幼儿室内活动区域的规划内容一般包括空间利用、区域与材料安排、墙面与顶面的规划、走廊的规划等。（   ）
9. 根据各类区域的教育功能与特点规划室内活动空间。（   ）
10. 2~4岁的婴幼儿手眼协调能力差，自我保护能力弱，因此美工区要给孩子提供圆头的安全剪刀，不要投放尖锐的物品或过于细小的珠子、亮片等。（   ）
11. 5~6岁的幼儿有了一定的动手能力和自我保护能力，双手的协调能力也增强了，可以投放针线、牙签、削笔器等更丰富的工具，但要将正确的使用方法和安全注意事项教给孩子。（   ）
12. 比较重的盒子、积木等物品，放置的位置不能太高，以免婴幼儿取拿困难。（   ）
13. 2~3岁的婴儿对角色游戏感兴趣，常常把结构材料堆起垒高，然后推倒，不断重复，从中得到快乐和满足。（   ）
14. 4~5岁的幼儿不但对动作过程感兴趣，同时也关心结构的成果，目的比较明确，主题比较鲜明。（   ）
15. 表演游戏能锻炼婴幼儿的人际交往能力，促进婴幼儿集体观念的发展和良好个性品质的形成。（   ）
16. 体育游戏是在游戏发展过程中派生出来的一个分支，根据一定的体育任务而设计，是以发展基本动作和技能为基础的有规则游戏，也称运动性游戏。（   ）

17. 按游戏组织形式分类，体育游戏可分为自由活动游戏和体育教学游戏，按游戏有无情节分类，可分为主题游戏和无主题游戏。（   ）

18. 小班幼儿无论是体力、运动能力、智力还是社会性方面，都有明显的进步，已到达基础动作阶段的基础期。（   ）

19. 体育游戏设有发展儿童灵巧机能的内容和机制，这是针对儿童机体能力的发展需要提出来的。（   ）

20. 体育游戏按游戏活动的形式分类，可分为接力游戏、接拍游戏、争夺游戏、角力游戏、猜摸游戏。（   ）

21. 保育员示范从高处（20～30 cm）往下跳时，落地时应前脚掌先着地，双手后摆，屈膝保持平衡。（   ）

22. 分组练习中保育员要把握适当的活动量，提醒孩子们遵循游戏规则，注意身体姿势和动作的正确性，注意安全。（   ）

23. 游戏前的指导，首先要丰富婴幼儿的生活经验，拓宽角色游戏的内容来源。（   ）

24. 安全第一是对学前教育工作中各项具体活动的普遍要求，在体育游戏的设计、组织过程中更应强化安全第一的观念。（   ）

25. 体育游戏过程要能够让儿童有机会闪现出智慧的亮点。（   ）

26. 所有婴幼儿都有学习和发展的潜能，在合适的教育条件下，这些潜能可以得到充分的开发，并最大限度地促进婴幼儿自身的发展。（   ）

27. 目前我国托幼机构中普遍存在班额过大、教师集体教学为主等现象，因此，教师在日常教育教学工作中，很难有足够的精力照顾到那些情况特殊、有缺陷的婴幼儿。（   ）

28. 观察、记录要全面客观，避免偶然性。（   ）

29. 在心理学上，观察法是指有目的、有计划地观察婴幼儿的言语和行为，从而了解其心理活动的研究方法。（   ）

30. 观察法中所说的"有计划"是指观察者在观察前要拟好观察提纲，计划要收集什么样的材料，计划整个观察的进程。（   ）

31. 观察过程一般可预定为一周，每天从入园、活动、离园三个主要环节进行观察记录。（   ）

32. 观察婴幼儿最常见的方法有两种：一是行为观察法，二是作品观察法。（   ）

33. 体重超过同年龄、同身高标准体重的30%～39%为轻度肥胖。（   ）

34. 一般认为，介于标准体重正负10%之间的为正常体重，超过标准体重20%的称为轻度肥胖，超过30%的称为中度肥胖，超过40%的称为重度肥胖。（   ）

35. 肥胖儿的体重超过同年龄、同身高标准体重的30%。（   ）

36. 造成婴幼儿肥胖的原因有遗传因素、营养失衡、缺乏运动、不良生活习惯、患有疾病。（　）
37. 肥胖儿运动时常因肥胖而动作笨拙、心慌气短。（　）
38. 肥胖儿稍微活动不会引起心跳加快、呼吸困难。（　）
39. 肥胖儿虽然缺乏锻炼，但不容易生病。（　）
40. 肥胖儿由于体形不匀称，动作不灵活，常常会遭嘲笑和捉弄，容易产生自卑感。（　）
41. 加强对肥胖儿的身体锻炼，合理安排膳食，帮助其减轻体重，是照顾肥胖儿的主要工作内容。（　）
42. 帮助肥胖儿减肥要快，但应在孩子能接受的情况下进行，并注意均衡营养。（　）
43. 保健室把各班孩子的体检信息输入计算机后，根据体格发育评价结果自动生成重度肥胖儿的管理名单。（　）
44. 活动量也称运动量，是指婴幼儿在活动中身体所承受的生理负担量。（　）
45. 活泼好动是婴幼儿的天性，过分的"多动"也不会影响婴幼儿的正常发育。（　）
46. 多动儿普遍存在心理、行为方面的问题。（　）
47. 婴幼儿多动的成因包括精神发育受损或成熟延迟，遗传因素，生物化学及代谢因素，维生素缺乏，金属元素中毒，社会、家庭、心理因素。（　）
48. 多动儿的行为表现是注意力集中、活动过度、情绪冲动、社会适应能力差等。（　）
49. 多动儿的心理表现是感情脆弱、不耐受挫折，有的多动儿还有不合群、类似自闭孤僻的反应。（　）
50. 有多动反应的婴幼儿，父母小时候也多动，而且不少母亲反映患儿在胎儿期就好动，出生后好哭，入睡困难，进食不好，难以照顾。（　）
51. 破裂的家庭、父母性格不好、意外的精神刺激等都易导致婴幼儿注意力不集中、多动。（　）
52. 多动儿进入小学后，经常坐在教室里东张西望、心不在焉，集中注意力听讲的时间比较短，从而直接影响到他们的学习效果。（　）
53. 多动儿往往还会伴随动作协调，如系纽扣、系鞋带、剪贴、写字等精细动作，操作水平往往比普通孩子好一些。（　）
54. 保育员不必正确认识婴幼儿的多动行为，宽容和接纳多动儿。（　）
55. 多动儿往往无法控制自己的行为，保育员可以有意识地利用语言、表情、动作等给

予积极的暗示。（　）

56. 对多动儿可以利用培养注意力的方法来克服多动。例如，让多动儿进行听故事、看图书、画画等趣味性强的活动，或者走迷宫、找异同等智力游戏。（　）

57. 胆怯是一种很常见的心理反应，是一种缺乏自信的表现。（　）

58. 胆怯在独生子女中有一定的代表性，如孩子在家里活泼淘气，但到了托幼机构或其他环境中就变得胆小怕事、沉默寡言、退缩怕生、偏食、爱哭等。（　）

59. 婴幼儿胆怯的原因大致包括遗传因素、家庭教育、保育员的教育观念陈旧。（　）

60. 婴幼儿胆怯的气质类型属于抑郁质、黏液质，他们往往比胆汁质、多血质的婴幼儿胆大外向一些。（　）

61. 过分溺爱的结果是家长剥夺了孩子自己解决问题的权利，最终造成孩子的胆小怕事。（　）

62. 家长过度严厉，孩子长期处于这种充满恐惧、暴力和压抑的气氛下，缺乏家长的关爱、赞扬和肯定，久而久之，就会影响他们情绪情感的正常发展，使他们心情抑郁，最后形成胆怯心理。（　）

63. 从心理学角度讲，胆小是源于不自信。不自信便不敢承受压力，只能退缩逃避，但这种心态在婴幼儿的生活中并不是有害的。（　）

64. 胆小的孩子往往不被老师喜欢，小伙伴也不愿意接近他，甚至遭到某些老师的歧视和冷落，以及小伙伴的排斥和欺负。（　）

65. 胆怯儿由于遇事逃避害怕而影响了自己的顺利发展。因为胆小，他在集体面前尤其是在陌生环境里，便失去了许多展现自己、锻炼自己的机会。（　）

66. 保育员必须对胆怯儿进行个别教育与指导帮助，尽量采取有效措施，帮助这些孩子最大限度地参与活动，表现自己。（　）

67. 孩子声音低代表胆怯自卑，声音高代表勇敢自信。（　）

68. 对于胆怯儿，保育员在平时不需要太多的关注。（　）

69. 事业有成型家长有较高的文化修养、丰富的社会阅历及较高的社会地位，善于表达，有感有思，善于倾听。（　）

70. 不同类型的家长沟通方法大同小异。（　）

71. 所谓换位思考，就是要从对方的角度和处境来设身处地思考问题。（　）

72. 善于聆听与及时批评指正，是与家长沟通的一种基本能力。（　）

73. 保育员与家长的沟通必须建立在相互信任的基础上，如果失去信任，则很难与家长进行沟通。（　）

74. 保育员在施教的过程中加强与家长的交流与沟通是尊重家长、热情服务的基本要求

之一。（   ）

75. 接送时交流是托幼机构与家庭合作较为复杂和费时的一种形式。（   ）
76. 深入了解每位家长的需要和特点是保育员做好家长工作的重要保证。（   ）
77. 家园有效合作的前提是保教人员与家长之间的相互尊重。只有相互尊重双方才能实现有效的沟通和交流，才能积极主动地进行配合和合作。（   ）
78. 家庭教育指导的根本目的是规范家长的教育行为。（   ）
79. 家庭访问这种指导形式虽然花费精力较大，但实效性并不佳。（   ）
80. 家庭与幼儿园的联系与沟通少，对婴幼儿的终身发展影响不大。（   ）
81. 幼儿园为了使家长更多地了解幼儿园教育工作，可定期邀请家长来园参观、参加园内活动，这是幼儿园偏重于从实践方面来指导家长的一种重要形式。（   ）
82. 家庭教育是家庭生活的基本内容之一，是父母（或长辈）对子女的社会义务与责任。（   ）
83. 幼儿园要对家庭教育进行指导，就必须了解婴幼儿家长及家庭的情况。（   ）
84. 家庭教育原则，是指所有家庭在对自己的孩子进行教育时都必须遵循的要求。（   ）
85. 教育原则是教师在教育婴幼儿时应遵守的行为准则，与保育工作无关。（   ）
86. 在时间上，家庭教育具有早期性和连续性，幼儿园教育具有阶段性。（   ）
87. 家长会大多由部分家长参加，内容集中于个别家长关心的问题，类型有专家讲座、教育经验交流会、家庭教育题讨论等。（   ）
88. 幼儿园与家庭合作的集体参与方法多种多样，如家长园地、家长开放日、家长会、亲子运动会等。（   ）
89. 家园联系册是保教人员采用的唯一一种与家长进行书面沟通的形式，手续烦琐。（   ）
90. 家长委员会一般由各班家长推选1~2位教育经验丰富、关心幼儿园教育的家长代表组成。（   ）
91. 幼儿园不鼓励家长全方位为幼儿园的发展服务。（   ）

二、**单项选择题**（下列每题有4个选项，其中只有1个是正确的，请将其代号填写在横线空白处）

1. 在游戏的全过程中，婴幼儿都要用语言来交流思想，商讨各种办法，这就促进了婴幼儿_____的发展。

  A. 语言   B. 口语
  C. 胆量   D. 思想

2. 游戏可以缩短婴幼儿掌握_____准则的过程，有利于他们在现实生活中较快地掌握和形成良好的道德行为。

  A. 思维能力   B. 动作发展

  C. 道德行为   D. 游戏过程

3. 游戏能促进婴幼儿各方面的发展，它是教师对婴幼儿进行_____全面发展教育的有力手段，保育员和教师要充分利用游戏对婴幼儿进行教育。

  A. 德、智、体、美   B. 锻炼

  C. 体、智、德、美   D. 以上都是

4. 有规则游戏是教师利用游戏的形式为完成一定的任务而编制的用于作业教学的游戏，也可称为_____。

  A. 教育游戏   B. 知识游戏

  C. 规则游戏   D. 教学游戏

5. 主动性游戏，婴幼儿可以自由控制游戏的速度，或按自己的意愿来决定游戏的形式，如_____等。

  A. 玩沙玩水   B. 写字

  C. 体育比赛   D. 看书

6. 被动性游戏，属于比较静态的活动，婴幼儿只需观看、聆听或欣赏，不需要进行体力活动，如_____等。

  A. 唱歌   B. 玩积木

  C. 表演   D. 看录像

7. 要根据各类活动的教育功能与特点规划室内活动区域，例如，美工区、语言阅读区、_____等，应设在光线明亮、比较安静的位置。

  A. 结构区   B. 表演区

  C. 科学区   D. 智力区

8. 根据班级人数的多少提供活动区域，通常30人左右的班级设_____个区域为宜。

  A. 4~6   B. 3~4

  C. 2~5   D. 2~3

9. _____游戏区域应布局合理。

  A. 动态   B. 静态

  C. 动态、静态   D. 以上都是

10. 区域内投放游戏材料之前一定要做好_____工作。

  A. 清洁   B. 消毒

C. 清洁消毒 D. 以上都是

11. 游戏材料的投放要符合婴幼儿的_____。
    A. 年龄 B. 大小
    C. 个体差异 D. 发展水平

12. 角色游戏前要丰富婴幼儿的_____，拓宽角色游戏的内容来源。
    A. 前期经验 B. 生活经验
    C. 语言发展 D. 知识技能

13. 保育员首先要学会观察和了解婴幼儿角色意识的_____个阶段，有针对性地进行指导，使婴幼儿的角色扮演水平不断提高。
    A. 四 B. 三
    C. 五 D. 两

14. 婴幼儿的角色游戏所需时间一般都较长，每次不能少于_____ min。
    A. 20 B. 30
    C. 40 D. 50

15. 建构游戏，也叫_____。
    A. 建造游戏 B. 结构游戏
    C. 动态游戏 D. 动静游戏

16. 中班幼儿无论是体力、运动能力、智力还是社会性方面，都有明显的进步，已到达基础动作阶段的_____。
    A. 初始期 B. 发展期
    C. 基础期 D. 成熟期

17. 小班幼儿处于基础动作阶段的初始期，_____较强，思维活动比较形象，对体育游戏中的角色、故事情节、活动过程比较感兴趣。
    A. 模仿能力 B. 表演能力
    C. 倾听能力 D. 专注能力

18. 在体育锻炼中要遵循循序渐进的原则，活动量_____。
    A. 由大逐渐减小 B. 保持中等水平
    C. 保持较高水平 D. 由小逐渐增大

19. 体育游戏具有趣味的属性，是能使儿童身心全面发展的_____。
    A. 必要课程 B. 全部课程
    C. 选择课程 D. 综合课程

20. 中班阶段的体育游戏，应以_____动作技能为主、稳定性动作技能为辅。

A. 移动性   B. 协作性
C. 挑战性   D. 操作性

21. 热身运动按照由慢到快、由上到下、由整体到局部、_____的顺序，开展关节活动、模仿操、热身操等。
A. 由弱到强   B. 由强到弱
C. 强弱交替   D. 先弱后强

22. 大班阶段的体育游戏，应以_____动作为主。
A. 操作性   B. 协作性
C. 移动性   D. 挑战性

23. 通过设有灵巧训练内容和制约机制的体育游戏，可以提高儿童的_____对肌肉的调节能力及对精细动作的控制能力，使儿童各项基本动作的发展逐步朝着准确、协调、熟练的方向转化，从而形成正确、合理的动力定型。
A. 神经系统   B. 视觉系统
C. 听觉系统   D. 触觉系统

24. 安全第一是对学前教育工作中各项具体活动的_____，在体育游戏的设计、组织过程中更应强化安全第一的观念。
A. 基本要求   B. 普遍要求
C. 综合要求   D. 一致要求

25. 从_____cm高处往下跳时，落地时应前脚掌先着地，双手后摆，屈膝保持平衡。
A. 20~30   B. 20~40
C. 10~20   D. 40~50

26. 活动设计与动作搭配_____，避免活动内容单一造成婴幼儿身体局部负荷过大。
A. 保持一致   B. 科学合理
C. 科学一致   D. 科学规律

27. _____除了注重流程性与多变性外，必须注重安全性及多数婴幼儿的接受度。
A. 活动设计   B. 游戏设计
C. 教学设计   D. 区角设计

28. 观察要在_____状态下进行，不能影响婴幼儿的常态表现。
A. 自然   B. 家庭
C. 幼儿园   D. 游戏

29. 保育员要承担观察特殊婴幼儿、照顾有缺陷婴幼儿的责任，尽可能做到_____。
A. 因材施教   B. 因地制宜

C. 对症下药 D. 随机应变

30. 所有婴幼儿都有学习和发展的潜能，在_____教育条件下，可最大限度地促进婴幼儿自身的发展。

    A. 温馨的 B. 合适的
    C. 复杂的 D. 普通

31. 皮亚杰强调在_____环境下观察儿童的重要性，他强调要尽量在托幼机构、家庭等自然场景下进行观察才是真实的。

    A. 家庭 B. 自然
    C. 室内 D. 室外

32. 观察法是研究婴幼儿发展的_____方法，一直被很多儿童心理学家所推崇和运用。

    A. 最佳 B. 最简单
    C. 基本 D. 最全面

33. 观察要有目的、有计划、深入问题的_____。

    A. 本身 B. 内部
    C. 焦点 D. 实质

34. 保育员在进行观察时，必须注意预防可能干预婴幼儿常态表现的因素，最好不让婴幼儿觉察到自己正在被观察，以防止_____的发生。

    A. 危险行为 B. 胆怯行为
    C. 无效行为 D. 虚假行为

35. 保育员进行观察记录时要准确、详细，不仅要记录婴幼儿行为本身，而且要记录行为的_____和环境条件。

    A. 具体细节 B. 具体时间
    C. 前因后果 D. 深层意义

36. 肥胖儿的体重超过同年龄、同身高标准体重的_____。

    A. 30% B. 40%
    C. 50% D. 20%

37. 有些儿童受_____、遗传和活动过少等因素的影响，摄入大于消耗，使体内脂肪过度积聚，体重超过一定范围，医学上称为单纯性肥胖。

    A. 疾病 B. 父母影响
    C. 教育 D. 饮食

38. 由于神经、_____及遗传疾病引起体重超过正常标准，医学上称为继发性肥胖。

A. 父母影响 B. 教育
C. 内分泌 D. 饮食

39. 体重超过同年龄、同身高标准体重的_____为中度肥胖。
   A. 20%～39% B. 30%～49%
   C. 10%～39% D. 15%～39%

40. 体重超过同年龄、同身高标准体重的50%为_____。
   A. 轻度肥胖 B. 极度肥胖
   C. 重度肥胖 D. 中度肥胖

41. 肥胖对孩子的危害是_____。
   A. 造成多动症 B. 导致贫血
   C. 带来动脉硬化的隐患 D. 导致感冒

42. 肥胖容易使婴幼儿_____。
   A. 孤独 B. 合群
   C. 被接纳 D. 愉快

43. 肥胖儿不愿意参加活动，久而久之，由于缺乏锻炼，肥胖儿就容易_____。
   A. 孤独 B. 生病
   C. 被接纳 D. 愉快

44. 在_____，保育员要注意观察体弱儿和肥胖儿的情况，随时根据他们活动的情况为其增减衣服。
   A. 做好场地准备的同时 B. 婴幼儿户外活动前
   C. 婴幼儿户外活动中 D. 婴幼儿户外活动后

45. 照顾肥胖儿的工作程序是：_____；观察肥胖儿饮食起居的习惯，有针对性地培养孩子良好的生活卫生习惯；加强对肥胖儿的身体锻炼，合理膳食，帮助其减轻体重。
   A. 注意环境的变化 B. 了解肥胖的原因
   C. 提醒孩子多穿衣服 D. 提醒孩子多喝水

46. 2～12岁儿童的标准体重可用公式_____粗略计算。
   A. 体重（kg）＝年龄×3+5（或8） B. 体重（kg）＝年龄×5（或8）
   C. 体重（kg）＝年龄×6（或8） D. 体重（kg）＝年龄×2+7（或8）

47. 照顾肥胖儿童应_____。
   A. 控制饮食，帮助肥胖儿减肥不能太快，应在孩子能接受的情况下进行
   B. 让孩子进行运动量大的活动，锻炼其身体
   C. 让孩子少吃东西

D. 给孩子吃减肥药

48. 对肥胖儿进行_____，开始时活动量应少一些，以后逐渐增加。在活动中宜采用一些既能促进能量消耗，又容易坚持的运动项目。

  A. 身体素质训练   B. 减肥活动

  C. 身体锻炼   D. 教育

49. 对肥胖儿进行身体锻炼，开始时_____。在活动中宜采用一些既能促进能量消耗，又容易坚持的运动项目。

  A. 活动量应少一些，以后逐渐增加

  B. 活动量应大一些，以后逐渐减少

  C. 活动应丰富一些，以后再逐渐专一

  D. 活动应单一一些，以后再逐渐丰富

50. 对肥胖儿进行身体锻炼，开始时活动量应少一些，以后逐渐增加。在活动中宜采用一些_____。

  A. 容易坚持的运动项目

  B. 既促进能量消耗，又容易坚持的运动项目

  C. 有利于锻炼身体素质的运动项目

  D. 能促进能量消耗的运动项目

51. 称重时，迅速调正游锤至杠杆_____水平，准确记录显示的刻度数。

  A. 正中   B. 偏上

  C. 偏下   D. 上下摆动

52. 照顾肥胖儿童应_____。

  A. 限制其吃东西   B. 注意家庭和幼儿园的配合

  C. 让其少喝水   D. 让其少睡觉

53. 多动儿普遍存在心理、情绪、_____方面的问题。

  A. 行为   B. 饮食

  C. 听觉   D. 发育

54. 多动儿的行为表现是_____、活动过度、情绪冲动、社会适应能力差等。

  A. 注意力集中   B. 爱哭

  C. 情绪冲动   D. 注意力分散

55. 多动反应的婴幼儿，父母小时候也多动，而且不少母亲反映患儿在胎儿期就好动，出生后好哭，_____，进食不好，难以照顾。

  A. 好哭   B. 入睡困难

C. 睡眠多　　　　　　　　　　　D. 爱笑

56. 不良的社会环境、破裂的家庭、父母性格不好、意外的精神刺激等都易导致_____。

　　A. 婴幼儿注意力集中　　　　　B. 进食不好
　　C. 婴幼儿注意力不集中、多动　　D. 好哭

57. 多动儿进入小学后，在课堂上的表现就更为明显，经常坐在教室里_____、心不在焉，集中注意力听讲的时间比较短。

　　A. 东张西望　　　　　　　　　B. 注意听讲
　　C. 注意力集中　　　　　　　　D. 乱写乱画

58. 多动儿往往还会伴随出现动作不协调，如_____、系鞋带、剪贴、写字等精细动作，操作水平往往比普通孩子差一些。

　　A. 跑步　　　　　　　　　　　B. 下棋
　　C. 走路　　　　　　　　　　　D. 系纽扣

59. 保育员要正确认识婴幼儿的多动行为，宽容和接纳多动儿，以免他们因自责而挫伤_____。

　　A. 兴趣　　　　　　　　　　　B. 爱好
　　C. 自尊心　　　　　　　　　　D. 绘画

60. 在活动过程中，多动儿往往无法控制自己的行为，保育员可以有意识地利用语言、表情、_____等给予积极的暗示。

　　A. 笑话　　　　　　　　　　　B. 训斥
　　C. 动作　　　　　　　　　　　D. 情感

61. 对多动儿可以利用培养注意力的方法来克服其多动。例如，让多动儿进行听故事、看图书、下棋、_____等趣味性强的活动。

　　A. 做游戏　　　　　　　　　　B. 看电视
　　C. 躲猫猫　　　　　　　　　　D. 画画

62. 保育员可以建议多动儿家长掌握一些专门的感统训练知识，训练多动儿_____、视觉、听觉、运动技巧等方面综合协调的活动能力。

　　A. 味觉　　　　　　　　　　　B. 触觉
　　C. 动手操作　　　　　　　　　D. 运动技巧

63. 胆怯儿在独生子女中有一定的代表性，如在家里活泼淘气，但到了托幼机构或其他环境中就变得_____、沉默寡言、退缩怕生、偏食、爱哭等。

　　A. 胆小怕事　　　　　　　　　B. 安安静静

C. 横冲直撞 D. 无所畏惧

64. 婴幼儿胆怯的原因大致包括遗传因素、_____。
    A. 后天因素 B. 畸形的家庭教育
    C. 保育员的教育观念陈旧 D. 家长工作

65. 婴幼儿胆怯的气质类型属于抑郁质、黏液质，他们往往比胆汁质、多血质的婴幼儿_____一些。
    A. 胆小内向 B. 活泼开朗
    C. 沉默寡言 D. 郁郁寡欢

66. 家长过度严厉，影响孩子情绪情感的正常发展，使他们心情抑郁，最后形成_____心理。
    A. 恐慌 B. 惊讶
    C. 抑郁 D. 胆怯

67. 家长期望过高，喜欢拿自己孩子的弱点跟其他孩子的优点相比，比较的结果就是使孩子觉得自己永远比不上别人，产生_____，缺乏自信或封闭自己，最终导致胆怯心理。
    A. 自豪感 B. 欣喜感
    C. 自卑感 D. 恐惧感

68. 从心理学角度讲，胆小是源于不自信。不自信便不敢承受压力，只能退缩逃避，这种心态在婴幼儿的_____中是有害的。
    A. 学习 B. 生活和学习
    C. 生活 D. 自信和自豪

69. 胆小的孩子往往不被老师喜欢，小伙伴也不愿意接近他，甚至遭到某些老师的歧视和冷落，以及小伙伴的_____。
    A. 排斥 B. 欺负
    C. 排斥和欺负 D. 白眼

70. 胆怯儿由于遇事逃避害怕而影响了自己的顺利发展。因为胆小，他在集体面前尤其是在陌生环境里，便失去了许多_____的机会。
    A. 展现自己、锻炼自己 B. 展现自己
    C. 锻炼自己 D. 学习

71. 作为保育员，必须对胆怯儿进行_____与指导帮助，尽量采取有效措施，协助这些孩子最大限度地参与活动，表现自己。
    A. 反复教育 B. 正面教育
    C. 批评教育 D. 个别教育

72. 胆怯儿在托幼机构中易受到老师的忽视和同伴的歧视，从而感到_____，不敢抬头大声说话，以致形成恶性循环。
    A. 自负   B. 自卑
    C. 自豪   D. 自律

73. 保育员要利用谈话、_____等方式，向家长传递正确的知识，要与家长合力改变胆怯儿的现状。
    A. 电话访问   B. 宣传栏
    C. 微信   D. 家长会

74. 心理学认为，最容易被交往对象所看重的品质是_____。
    A. 尊重   B. 平等
    C. 真诚   D. 换位

75. 要与家长保持平等关系，保证与家长顺利交谈的必要条件是_____。
    A. 多加肯定   B. 多加表扬
    C. 真诚   D. 尊重家长

76. 接送孩子时的交流最有效，也是保教人员与家长_____的最佳时机。
    A. 交流感情   B. 沟通有无
    C. 互相问候   D. 告状倾诉

77. 接送时的交流是托幼机构与家庭合作_____、最及时、最方便的形式。
    A. 最简单   B. 最费时
    C. 最复杂   D. 最完整

78. 托幼机构要根据幼儿与家长的不同特点，开展_____和分层次的指导，注意灵活性。
    A. 分年龄   B. 分类型
    C. 分家庭   D. 分个性

79. 保育工作记录是保育员有效开展工作的重要依据，为_____和评价婴幼儿在身体不同领域的发展提供了重要数据。
    A. 分析   B. 总结
    C. 统计   D. 汇总

80. 家庭教育指导的任务包括指导家长掌握科学的育儿方法和形成良好的_____。
    A. 行为规范   B. 行为习惯
    C. 教养习惯   D. 教养态度

81. 在学前阶段的家庭教育中_____承担着主导作用。

A. 幼儿教师 B. 父母
C. 祖父母 D. 主要抚养者

82. 对儿童的发展来说_____对其一生的影响最丰富也最深远。

A. 父母 B. 主要抚养者
C. 祖父母 D. 幼儿教师

83. _____贯穿于儿童日常生活之中，只要是与孩子有关的人，都客观上承担着教育的责任。

A. 家庭教育 B. 学校教育
C. 文化教育 D. 个性化教育

84. 家庭教育是家庭生活的基本内容之一，是父母（或长辈）对子女的社会义务与_____。

A. 社会责任 B. 家庭义务
C. 家庭责任 D. 社会要求

85. 托幼机构要使家长意识到家庭教育需要与国家的教育方针和教育法规的精神相一致，因此家庭教育指导需要遵循_____原则。

A. 方向性 B. 社会性
C. 了解性 D. 科学性

86. 造成孩子缺乏_____的主要原因是家长和教师平时对孩子的事情包办过多，不给孩子独立完成某种任务的机会。

A. 人际交往能力 B. 独立生活能力
C. 规则意识和完成规则的能力 D. 任务意识和完成任务的能力

87. 在内容上，家庭教育具有生活性和_____。

A. 连续性 B. 随意性
C. 系统性 D. 提前性

88. 在时间上，家庭教育具有早期性和_____。

A. 连续性 B. 阶段性
C. 丰富性 D. 提前性

89. 在形式上，家庭教育具有情景性、_____和随机性。

A. 连续性 B. 随意性
C. 个别性 D. 提前性

90. 亲子关系通常可分为四种类型，包括放任型、专制型、忽视型和_____。

A. 依赖型 B. 焦虑型

C. 矛盾型　　　　　　　　　　D. 民主型

91. 家庭教育指导需要向家长宣讲现代儿童观和_____。
    A. 师生观　　　　　　　　　B. 教学观
    C. 教育观　　　　　　　　　D. 母子观

92. 在各种亲子关系类型中，_____的亲子关系最有益于婴幼儿个性的良好发展。
    A. 依赖型　　　　　　　　　B. 民主型
    C. 自由型　　　　　　　　　D. 管理型

93. _____是家园之间一种简便易行的指导方式，是幼儿园对家长进行指导的有利时机，保教人员要见缝插针、适时利用。
    A. 家园联系册　　　　　　　B. 接送时交流
    C. 家长园地　　　　　　　　D. 家长会

94. 幼儿园定期邀请家长来园参观，参加园内活动，这种家庭教育指导的形式是_____。
    A. 家长会议　　　　　　　　B. 家长委员会
    C. 家长开放日　　　　　　　D. 家长讲座

95. 保持家园协调一致，_____，会收到事半功倍的效果。
    A. 使学前儿童全方位地接受正面教育　　B. 适当地利用电化教育手段
    C. 有礼貌地对待家长　　　　　　　　　D. 做好本职工作

参考答案及说明

一、判断题

1. √	2. ×	3. √	4. √	5. ×	6. √	7. ×	8. √	9. √	10. ×
11. √	12. √	13. ×	14. √	15. √	16. √	17. √	18. ×	19. √	20. √
21. √	22. ×	23. ×	24. √	25. √	26. √	27. √	28. √	29. √	30. √
31. √	32. √	33. ×	34. ×	35. ×	36. √	37. ×	38. ×	39. ×	40. √
41. ×	42. ×	43. ×	44. ×	45. ×	46. ×	47. ×	48. ×	49. ×	50. √
51. √	52. √	53. ×	54. √	55. √	56. √	57. √	58. √	59. √	60. ×
61. √	62. √	63. ×	64. √	65. √	66. √	67. √	68. √	69. √	70. ×
71. √	72. √	73. √	74. √	75. ×	76. √	77. √	78. √	79. ×	80. ×
81. √	82. √	83. √	84. √	85. ×	86. √	87. √	88. √	89. ×	90. √
91. ×									

【说明】

2. × 游戏也能促进婴幼儿美育的发展，如表演游戏对美育的促进作用。

5. × 根据游戏活动中婴幼儿是否主动参与，可以将托幼机构游戏分为以下两大类：主动性游戏、被动性游戏。主动性游戏又可分为操作性游戏、建构性游戏、创造性游戏和想象性游戏。

7. × 保育员要教育婴幼儿不可大声喧闹，遵守良好的教室活动秩序和游戏规则。

10. × 3~4岁的幼儿手眼协调能力差，自我保护能力弱，美工区要给孩子提供圆头的安全剪刀，不要投放尖锐的物品或过于细小的珠子、亮片等。

13. × 应针对不同年龄的特点具体指导，2~3岁的婴幼儿对结构游戏感兴趣，常常把结构材料堆起垒高，然后推倒，不断重复，从中得到快乐和满足。

18. × 中班幼儿无论是体力、运动能力、智力还是社会性方面，都有明显的进步，已到达基础动作阶段的基础期。

23. × 对于角色游戏，游戏前首先要丰富婴幼儿的生活经验，拓宽角色游戏的内容来源。

33. × 体重超过同年龄、同身高标准体重的20%为轻度肥胖。

34. × 一般认为，介于标准体重正负10%之间的为正常体重，超过标准体重20%的称为轻度肥胖，超过30%的称为中度肥胖，超过50%的称为重度肥胖。

35. × 超过标准体重20%的称为轻度肥胖，超过30%的称为中度肥胖，超过50%的称为重度肥胖。

38. × 肥胖儿稍微活动就会引起心跳加快、呼吸困难。

39. × 肥胖儿由于缺乏锻炼容易生病。

41. × 照顾肥胖儿的工作程序是：了解肥胖的原因；观察肥胖儿饮食起居的习惯，有针对性地培养孩子良好的生活卫生习惯；加强对肥胖儿的身体锻炼，合理膳食，帮助其减轻体重。

42. × 帮助肥胖儿童减肥不能太快，应在孩子能接受的情况下进行，并注意均衡营养。

43. × 保健室把各班孩子的体检信息输入计算机后，根据体格发育评价结果自动生成轻度、中度、重度肥胖儿的管理名单。

45. × 活泼好动是婴幼儿的天性，但过分的"多动"却会影响婴幼儿的正常发育。

46. × 多动儿普遍存在心理、情绪、行为方面的问题。

48. × 多动儿的行为表现是注意力分散、活动过度、情绪冲动、社会适应能力差等。

49. × 多动儿的心理表现是感情脆弱、不耐受挫折、情绪不稳、易哭易笑等，有的多动儿还有不合群、类似自闭孤僻的反应。

53. × 多动儿往往还会伴随出现动作不协调,如系纽扣、系鞋带、剪贴、写字等精细动作,操作水平往往比普通孩子差一些。

54. × 保育员要正确认识婴幼儿的多动行为,宽容和接纳多动儿,以免他们因自责而挫伤自尊心。

59. × 婴幼儿胆怯的原因大致包括遗传因素、畸形的家庭教育、保育员的教育观念陈旧。

60. × 婴幼儿胆怯的气质类型属于抑郁质、黏液质,他们往往比胆汁质、多血质的婴幼儿胆小内向一些。

63. × 从心理学角度讲,胆小是源于不自信。不自信便不敢承受压力,只能退缩逃避,这种心态在婴幼儿的生活和学习中是有害的。

67. × 孩子声音低并不一定代表胆怯自卑,声音高并不一定代表勇敢自信。

68. × 对于真正的胆怯儿,保育员在平时要多加鼓励。

69. × 事业有成型家长有较高的文化修养、丰富的社会阅历及较高的社会地位,善于表达,有感有思,但不善于倾听,往往导致孩子缺乏自信。

70. × 针对不同类型的家长,沟通方式也应不同。

72. × 善于聆听,是与家长沟通的一种基本能力。

75. × 接送时交流是幼儿园与家庭合作最简单、最及时、最方便的形式。

79. × 家庭访问这种指导形式虽然花费精力较大,但实效性很强。

80. × 家庭与幼儿园的联系与沟通少,对婴幼儿的终身发展影响较大。

85. × 教育原则是教师和保育员在教育婴幼儿时应遵守的行为准则。

87. × 家长会大多由部分家长参加,其内容主要包括园所近期工作的汇报总结,孩子各方面的表现与进步,班级孩子的日常状况,工作中存在的问题,根据近期工作制订的长远的初步工作计划、教学目标,以及需要家长给予配合的内容。

89. × 家园联系册是保教人员采用书面沟通方式与家长进行联系的形式,向他们报告孩子在园的情况,征求他们的意见,了解孩子在家的情况,以共同教育好孩子。这是一种简便、经济的托幼机构与家庭相互沟通的形式。

91. × 幼儿园应鼓励家长全方位为幼儿园的发展服务。

二、单项选择题(下列每题有4个选项,其中只有1个是正确的,请将其代号填写在括号处)

1. A	2. C	3. C	4. D	5. A	6. D	7. C	8. A	9. C	10. C
11. D	12. B	13. A	14. B	15. B	16. C	17. A	18. D	19. D	20. A
21. A	22. A	23. A	24. B	25. A	26. A	27. A	28. A	29. A	30. B

31. B 32. C 33. D 34. D 35. C 36. D 37. D 38. C 39. B 40. C
41. C 42. A 43. B 44. C 45. B 46. D 47. A 48. C 49. A 50. A
51. A 52. B 53. A 54. D 55. B 56. C 57. A 58. D 59. C 60. C
61. D 62. B 63. A 64. B 65. A 66. D 67. C 68. B 69. C 70. A
71. D 72. B 73. B 74. C 75. D 76. A 77. A 78. D 79. A 80. D
81. D 82. B 83. B 84. A 85. A 86. D 87. B 88. A 89. C 90. D
91. C 92. B 93. B 94. A 95. A

技能操作辅导练习题

【题目1】参与组织室内角色游戏活动

1. 考场准备

（1）本题分值：10分。

（2）考核时间：10 min。

（3）考核形式：口述。

2. 角色游戏活动方案

（1）游戏活动主题：娃娃家游戏。

（2）游戏活动班级：中班（6人）（为考核方便，设计6人班级场景）。

（3）游戏活动目标

1）培养幼儿对角色游戏的兴趣。

2）通过角色扮演，培养幼儿观察生活和体验生活的能力，让幼儿学会在游戏中友好合作。

3）培养幼儿的语言交往能力和协调能力。

（4）游戏活动准备：娃娃家游戏用小锅、碗等家庭厨房用具1套。

（5）游戏活动过程

1）引入游戏活动主题：娃娃家。

2）布置游戏场景。

3）引导幼儿自主分配游戏角色。

4）引导并帮助幼儿设计丰富的家庭生活内容和情节。

5）引导幼儿自主游戏，教师和保育员适当指导。

6）整理活动场地。

7）游戏活动总结。

3. 考核要求及注意事项

（1）按照室内游戏活动前的准备、活动过程中的配合和活动后的整理工作要求进行说明。

（2）配合游戏活动方法正确、细致、全面。

（3）否定项说明：若考生发生下列情况之一，应及时终止其考试，考生该试题成绩记为零分。

1）无职业道德，嘲笑、冷落幼儿，造成幼儿身心伤害。

2）未进行活动前的安全检查，造成责任事故的发生。

4. 考核目的

保育员按照活动前准备、活动过程中配合和活动后整理的顺序及要求，配合教师组织角色游戏活动。

5. 评分项目及标准

评分项目	考核要点	配分	评分标准
1. 活动前的准备	（1）游戏材料安全、合理（0.5分） （2）娃娃家游戏用小锅、碗等厨房用具（0.5分） （3）根据教育目标及内容，协助教师进行环境创设（0.5分） （4）游戏材料按要求摆放整齐（0.5分）	2分	错、漏一项扣0.5分
2. 活动过程中的配合	（1）协助教师讲解游戏规则（0.5分） （2）帮助孩子合理分配和使用玩具（0.5分） （3）向个别孩子重复示范游戏的玩法（0.5分） （4）帮助教师维持游戏纪律（0.5分） （5）孩子偏离游戏目的或干扰他人行为时适当提醒（1分） （6）排除观察到的安全隐患（1分） （7）关注特殊孩子，做好个别观察记录（1分）	5分	错、漏一项扣相应分值
3. 活动后的整理	（1）小、中班幼儿在保育员的协助下收纳整理，大班幼儿自主完成收纳整理，将游戏材料分类有序地放回原处（1分） （2）发现有破损的游戏材料要分拣出来并安排修理，及时报损补充（1分） （3）清洁活动场地卫生（0.5分） （4）清理活动场地杂物（0.5分）	3分	错、漏一项扣相应分值
合计		10分	

【题目2】 参与组织室外体育游戏

1. 考场准备

(1) 本题分值：10 分。

(2) 考核时间：10 min。

(3) 考核形式：口述。

2. 室外体育游戏活动方案

(1) 活动主题：揪尾巴。

(2) 活动班级：中班（6人）（为考核方便，设计6人班级场景）。

(3) 活动目标

1) 培养幼儿对活动内容的兴趣。

2) 训练幼儿躲闪的灵活性。

(4) 活动准备：尾巴6套。

(5) 活动过程：由教师和幼儿分别在腰上戴上尾巴，互相揪尾巴，谁揪到对方的尾巴最多，同时保护自己的尾巴数量最多为获胜。

3. 考核要求及注意事项

(1) 按照室外体育游戏活动前的准备、活动过程中的配合和活动后的整理工作要求进行说明。

(2) 配合游戏活动方法正确、细致、全面。

(3) 否定项说明：若考生发生下列情况之一，则应及时终止其考试，考生该试题成绩记为零分。

1) 未检查场地安全，造成责任事故。

2) 幼儿出现过度疲劳，损害幼儿身体健康。

3) 未及时观察婴幼儿的行为，发生事故。

4. 考核目的

保育员按照游戏活动前准备、活动中配合和活动后整理的顺序及要求，配合教师组织体育游戏活动。

5. 评分项目及标准

评分项目	考核要点	配分	评分标准
1. 活动前的准备	(1) 检查活动场地的安全性、有无水渍（0.5分） (2) 排除杂物等安全隐患（0.5分） (3) 了解游戏的目标、内容及注意事项（1分） (4) 根据游戏人数需要准备足够材料（尾巴6套）（0.5分）	5分	错、漏一项扣相应分值

续表

评分项目	考核要点	配分	评分标准
1. 活动前的准备	（5）根据需要准备衣服收纳筐（0.5分） （6）活动前提醒孩子小便（0.5分） （7）根据天气情况及时增减衣服和饮水（0.5分） （8）组织孩子到活动场地：教师走在队前，保育员走在队尾（0.5分）；按指定位置进入操场，协助整理队形（0.5分）		
2. 活动过程中的配合	（1）协助教师讲解游戏规则，帮助孩子合理分配游戏材料（0.5分） （2）向个别孩子重复示范游戏的玩法（0.5分） （3）站在队伍后面，帮助教师维持活动秩序（0.5分） （4）观察并及时制止孩子的不当行为，及时排除安全隐患（0.5分） （5）观察每个孩子的活动量，发现孩子适度疲劳时要提醒孩子休息（0.5分） （6）关注特殊孩子，做好个别观察记录（0.5分）	3分	错、漏一项扣相应分值
3. 活动后的整理	（1）协助教师清点人数，整理密集队形（0.5分） （2）提醒孩子安静、有秩序地喝水（0.5分） （3）整理游戏道具，摆放整齐（0.5分） （4）发现有破损的游戏材料要分拣出来并安排修理，不能再用的要及时报损补充（0.5分）	2分	错、漏一项扣相应分值
合计		10分	

【题目3】婴幼儿行为观察

1. 考场准备

（1）本题分值：10分。

（2）考核时间：10 min。

（3）考核形式：口述。

2. 考核要求及注意事项

（1）按照婴幼儿在学习、游戏、室外、生活活动中的观察要求进行说明。

（2）否定项说明：若考生发生下列情况之一，则应及时终止其考试，考生该试题成绩记为零分。

1）嘲笑、冷落、打击心理异常的孩子，造成孩子严重的身心伤害。

2）运用理论是违反科学的。

3）发现不当行为时未及时制止，造成安全事故。

3. 考核目的

保育员掌握日常观察的内容，按照要求进行学习、游戏、室外、生活活动中的观察。

4. 评分项目及标准

评分项目	考核要点	配分	评分标准
1. 学习活动观察	（1）观察活动的秩序：维持活动秩序，发现不当行为时及时制止（0.5分） （2）观察孩子们的表现，包括坐姿及用眼、用手、卫生习惯等（0.5分）	1分	错、漏一项扣0.5分
2. 游戏活动观察	（1）观察活动的情况，不断地给予鼓励和表扬（0.5分） （2）激发孩子们游戏和探究的兴趣（0.5分） （3）观察孩子们之间的交往，出现矛盾及时引导（0.5分） （4）观察孩子们之间的交往，出现冲突及时处理（0.5分）	2分	错、漏一项扣0.5分
3. 室外活动观察	（1）观察孩子们进行身体锻炼时的运动量，并做出适当且合理的调整（0.5分） （2）观察孩子们在运动中的反应，观察面色、情绪、出汗量、呼吸等特征（0.5分） （3）观察动作协调性、身体锻炼时的出汗情况（0.5分） （4）观察孩子们的活动情况，如是否有序活动、遵守活动规则、爱护运动器械等（0.5分）	2分	错、漏一项扣0.5分
4. 生活活动观察	（1）观察孩子们的情绪变化（0.5分） （2）观察表情和神态：正常的孩子眼神灵活、精力旺盛、面色红润；生病的孩子会出现眼神发呆，好似凝视远方，同时伴有尖声啼哭行为（0.5分） （3）观察食欲：若孩子出现食欲欠佳、饭量明显减少、拒绝进食、伴有恶心和呕吐等症状，则表明孩子可能生病了（0.5分） （4）观察大小便：若孩子大小便过多或过少、小便颜色加深甚至出现腹泻，则表明孩子可能生病了（0.5分） （5）观察睡眠（0.5分） （6）观察身体的体征：若孩子出现鼻孔阻塞、用口呼吸、流鼻涕、连续打喷嚏、扁桃体红肿、耳朵发红、额头和后颈发热等感冒症状时需要及时处理（0.5分）	3分	错、漏一项扣0.5分
5. 注意事项	（1）抓住晨、午、晚检时机及一日生活中各环节进行观察（0.5分） （2）及时捕捉孩子可能生病的迹象（0.5分） （3）发现问题及时回应（0.5分） （4）及时按流程处理（0.5分）	2分	错、漏一项扣0.5分
合计		10分	

【题目4】对肥胖儿的日常生活照顾与指导

1. 考场准备

（1）本题分值：10分。

（2）考核时间：10 min。

（3）考核形式：口述。

2. 考核要求及注意事项

（1）明确婴幼儿肥胖的危害，掌握正确的指导态度和方法，明确要与家长密切合作。

（2）加分说明：如果考生有更好的指导方法也可以酌情加分。

（3）否定项说明：若考生发生下列情况之一，则应及时终止其考试，考生该试题成绩记为零分。

1）因嘲笑肥胖儿，造成肥胖儿心理伤害。

2）肥胖儿超负荷运动，造成身体伤害。

3. 考核目的

保育员对肥胖儿个人情况及肥胖的原因有准确了解，掌握正确的指导方法。

4. 评分项目及标准

评分项目	考核要点	配分	评分标准
1. 婴幼儿肥胖的危害	（1）生理危害：加重心脏和呼吸系统负担；肥胖儿往往活动量少，容易生病（0.5分） （2）心理危害：肥胖儿由于动作不灵活，易被伙伴捉弄，容易导致婴幼儿产生自卑感（0.5分）	1分	错、漏一项扣相应分值
2. 饮食管理	（1）教育并引导肥胖儿纠正不良饮食习惯（0.5分） （2）饮食结构：多吃水果蔬菜，少吃高热量食物（0.5分） （3）饮食顺序：先喝汤，再加蔬菜、主食，减少主食的摄入（0.5分） （4）饮食习惯：提醒肥胖儿细嚼慢咽（0.5分）	2分	错、漏一项扣相应分值
3. 运动管理	（1）有目的、有步骤地适当增加肥胖儿的运动量（0.5分） （2）用游戏的方式吸引肥胖儿参与活动（1分） （3）循序渐进，逐步提高运动强度，延长运动时间（0.5分） （4）掌握安全的运动量，最大运动强度通常为心率每分钟130~160次，以皮肤潮湿出汗为限（1分）	3分	错、漏一项扣相应分值
4. 日常生活细节管理	（1）将肥胖儿的衣柜安排到远一点的地方，让他们在拿取物品时也能得到锻炼（0.5分） （2）培养肥胖儿做值日生，负责拿户外器械、摆椅子（0.5分）	1分	错、漏一项扣相应分值
5. 日常追踪	（1）根据体检信息了解孩子的肥胖程度（0.5分） （2）做好日常体重及生长发育监测，对肥胖儿进行过程管理、登记及评价（0.5分）	1分	错、漏一项扣相应分值

续表

评分项目	考核要点	配分	评分标准
6. 强化家庭责任	（1）指导家长让肥胖儿科学饮食 1）多吃低热量食品，如西红柿、芸豆、黄瓜、胡萝卜、大蒜、白菜、油菜、香菇、青椒、苹果、梨、橘子、菜花、韭菜、芹菜、苦瓜、薏米等食品（0.5分） 2）适量吃中热量食品，如米饭、馒头、面条、鸡蛋、豆腐、瘦肉、面包、奶制品等食品（0.5分） 3）少吃或不吃高热量食品，如快餐、干果类、甜饮料、果酱、奶油蛋糕、冰激凌、烤鸡、巧克力、肥肉等食品（0.5分） （2）指导家长让肥胖儿多运动（0.5分）	2分	错、漏一项扣相应分值
合计		10分	

【题目5】对多动儿的生活照顾与指导

1. 考场准备

（1）本题分值：10分。

（2）考核时间：10 min。

（3）考核形式：口述。

2. 考核要求及注意事项

（1）了解婴幼儿多动的原因，明确婴幼儿多动的危害，掌握正确的指导态度和方法，明确要与家长密切合作。

（2）否定项说明：若考生发生下列情况之一，则应及时终止其考试，考生该试题成绩记为零分。

1）有歧视多动儿的倾向，造成多动儿心理伤害。

2）训练多动儿的游戏方法方式不合适，造成多动儿更加多动。

3. 考核目的

保育员对多动儿个人情况及成因有准确了解，掌握正确的指导方法。

4. 评分项目及标准

评分项目	考核要点	配分	评分标准
1. 婴幼儿多动的原因	（1）精神发育受损或成熟延迟、遗传因素（0.5分） （2）生物化学及代谢因素、维生素缺乏、金属元素中毒（0.5分）	1分	错、漏一项扣相应分值
2. 婴幼儿多动的危害	（1）注意力分散，做事情往往半途而废（0.5分） （2）活动过度，走路大都蹦蹦跳跳（0.5分） （3）情绪冲动，一遇到高兴的事情就手舞足蹈、难以自制，一受到挫折就大发脾气、哭闹不休（0.5分） （4）社会适应能力差，不愿接受老师的管教或排斥小伙伴，所以很难与其他同龄孩子相处，往往表现为社会适应不良（0.5分）	2分	错、漏一项扣相应分值

续表

评分项目	考核要点	配分	评分标准
3. 正确的指导态度	（1）不厌恶或歧视多动儿，以免他们产生自责而挫伤自尊心（0.5分） （2）宽容、理解、关注、鼓励多动儿，帮助他们调整（0.5分）	1分	错、漏一项扣相应分值
4. 训练多动儿注意的稳定性	（1）引导多动儿多参加需要较长时间集中精力投入的活动和练习，来锻炼他们的注意力，提高注意的稳定性，培养他们正确有序、认真做事的习惯，如看图书、下棋、画画、弹玻璃球等（1分） （2）活动前找多动儿谈话，提醒他注意自己的行为，提出明确的要求，讲清道理，要求他专心听讲、认真做事（1分） （3）活动过程中，有意识地利用语言、表情、动作等给予积极的暗示，及时提醒多动儿集中注意力，逐步养成专心做事、遵守纪律的好习惯（1分） （4）多动儿出现符合规定和要求的良好行为时，应立即进行强化，如给予表扬、鼓励或奖励等，使多动儿感到愉快和满足，从而帮助其建立良好的习惯（1分）	4分	错、漏一项扣相应分值
5. 与家长的配合	（1）让家长清楚孩子多动的性质，知道他比一般正常孩子难管理，要多一些理解和耐心，循序渐进地提出要求（0.5分） （2）让家长学会选择孩子感兴趣的活动方式，培养活动的自律性和兴趣的持久性（0.5分） （3）建议家长掌握一些感统训练知识，训练孩子的触觉、视觉、听觉、运动技巧等方面综合协调的活动能力（0.5分） （4）可以在医生指导下，根据情况对多动儿采用心理治疗、感统训练或者补充锌、铁、碘等微量元素甚至采取药物治疗等措施，增强干预效果（0.5分）	2分	错、漏一项扣相应分值
合计		10分	

【题目6】 对胆怯儿的生活照顾与指导

1. 考场准备

（1）本题分值：10分。

（2）考核时间：10 min。

（3）考核形式：口述。

2. 考核要求及注意事项

（1）了解婴幼儿胆怯形成的原因，明确婴幼儿胆怯的危害，掌握正确的指导态度和方法，明确要与家长密切合作。

（2）否定项说明：若考生发生下列情况之一，则应及时终止其考试，考生该试题成绩记为零分。

1）因嘲笑胆怯儿，造成胆怯儿心理伤害。
2）训练胆怯儿的方法不合适，造成胆怯儿身体伤害。

3. 考核目的

保育员对胆怯儿个人情况及胆怯的原因有准确了解，掌握正确的指导方法。

4. 评分项目及标准

评分项目	考核要点	配分	评分标准
1. 婴幼儿胆怯的原因	（1）遗传因素（0.5分） （2）家庭教育不当，如家长过分溺爱、过度严厉、期望过高（0.5分） （3）保育员的教育观念陈旧，教育思想、教育观念没有及时更新（0.5分） （4）忽视孩子的个体差异（0.5分）	2分	错、漏一项扣相应分值
2. 婴幼儿胆怯的危害	（1）胆怯儿不容易和别人建立亲密的关系，容易受到某些老师的歧视和冷落，遭到小伙伴的排斥和欺负（0.5分） （2）胆怯儿由于遇事害怕、逃避，会失去许多展现自己、锻炼自己的机会，从而影响自己的顺利发展（0.5分）	1分	错、漏一项扣相应分值
3. 正确的指导态度	（1）对于孩子的胆小表现，要心平气和地宽容和接纳（0.5分） （2）耐心帮助指导（0.5分）	1分	错、漏一项扣相应分值
4. 指导方法	（1）多加鼓励，耐心地倾听孩子的感受（1分） （2）了解孩子内心的顾虑和对各种问题的看法（1分） （3）有的放矢，协助胆怯儿走出人生的阴影，让心中充满阳光（1分） （4）多为胆怯儿提供在公开场合表现自己、锻炼自己的机会，锻炼和巩固其自信心，如让他分发碗筷、收拾玩具、帮老师去其他班借东西等（1分）	4分	错、漏一项扣相应分值
5. 与家长的配合	（1）利用谈话、宣传栏等方式，向家长说明胆怯是人正常的反应，有其积极的作用（0.5分） （2）要接受并尽可能多地鼓励胆怯的孩子，对孩子失望、训斥或强迫只能适得其反（0.5分） （3）多给孩子提供锻炼的机会，让孩子多说、多做、多表现自己（0.5分） （4）对孩子勇敢的行为及时地表扬和肯定，强化孩子的积极行为（0.5分）	2分	错、漏一项扣相应分值
合计		10分	

【题目7】设计一份家长沟通（预防春季感冒）指导方案

春天是个冷暖交替的季节，婴幼儿感冒的人数开始增多，有时一天有近10个孩子生病请假，为了保证孩子的健康，尽可能减少春季感冒多发现象，请设计一份家长沟通指导方案。

1. 考场准备

（1）本题分值：10分。

（2）考核时间：10 min。

（3）考核形式：口述。

2. 考核要求及注意事项

（1）掌握托幼机构日常预防感冒的方法，掌握指导家长的方式，明确要与家长密切合作。

（2）加分说明：如果考生有更好的指导方法也可以酌情加分。

（3）否定项说明：若考生发生下列情况之一，则应及时终止其考试，考生该试题成绩记为零分。

1）消毒方法操作不对。

2）指导家长方法有误。

3. 考核目的

保育员掌握预防感冒的方法，能正确进行指导。

4. 评分项目及标准

评分项目	考核要点	配分	评分标准
1. 托幼机构护理	（1）日常生活中多给婴幼儿喝水（1分） （2）保证中午充足的睡眠，起床后要快速地穿好衣服（1分） （3）户外活动中，及时提醒婴幼儿增减衣服，随时给活动中的孩子擦汗（1分） （4）每天定时开窗通风，传染病流行期间加强通风，增加次数和通风时间，每天累计通风时间不少于3 h（1分） （5）在常规紫外线灯消毒的基础上，延长通风时间，增加消毒次数，由每周一次30 min增加到每日一次60 min。消毒时门窗关闭，消毒完毕开窗通风（消毒时门口要有警示牌）（1分） （6）用84消毒液消毒 1）采用1∶200的84消毒液喷洒地面消毒或者用消毒液浸泡的拖把拖地，直到地面湿透为止，消毒后应关闭门窗30 min，婴幼儿进入室内前20 min进行开窗通风（0.5分） 2）对婴幼儿经常接触的门把手、水龙头、桌椅等设施设备用1∶200的84消毒液进行擦拭或喷洒消毒，塑料玩具用1∶200的84消毒液浸泡30 min（0.5分）	6分	错、漏一项扣相应分值

续表

评分项目	考核要点	配分	评分标准
2. 指导家长方式	（1）请专家讲解预防婴幼儿感冒的知识（0.5分）、婴幼儿感冒后的护理方法（0.5分） （2）和家长交换邮箱信息，建立家长邮箱档案（1分） （3）建立家长、教师QQ群及家园论坛，以便日常随时交流（1分）	3分	错、漏一项扣相应分值
3. 家园联系	（1）制作家园联系手册（0.5分） （2）及时沟通孩子在家和园所的身体状况（0.5分）	1分	错、漏一项扣相应分值
合计		10分	

【题目8】设计一份家园共育活动（家长会）的组织与配合指导方案

1. 考场准备

（1）本题分值：100分。

（2）考核时间：10 min。

（3）考核形式：口述。

2. 考核要求及注意事项

（1）掌握家园共育的重要性、家园共育应遵循的基本原则，了解家园共育活动的具体类型和方法，能协助教师组织家园共育活动。

（2）否定项说明：若考生发生下列情况之一，则应及时终止其考试，考生该试题成绩记为零分。

1）不会组织家园共育活动。

2）回答家长问题直接说不知道。

3. 考核目的

保育员掌握家园共育的原则及具体活动类型和方法，做好协助配合。

4. 评分项目及标准

评分项目	考核要点	配分	评分标准
1. 家园共育的重要性	（1）保持教育的一致性、全面性（0.5分） （2）家庭与托幼机构共同形成适宜的教育理念进行科学养育（0.5分）	1分	错、漏一项扣相应分值
2. 家园共育的基本原则	（1）尊重原则（0.5分） （2）平等原则（0.5分） （3）教育合作性原则（0.5分） （4）个体差异的原则（0.5分）	2分	错、漏一项扣相应分值

续表

评分项目	考核要点	配分	评分标准
3. 家园共育活动的具体类型及方法	（1）家访 1）家访的目的（0.5分） 2）家访的安排（0.5分） （2）日常沟通 1）入园环节的沟通（0.5分） 2）离园环节的沟通（0.5分） （3）约谈 1）约谈前的准备、约谈中的沟通方法（0.5分） 2）约谈后的总结与分析（0.5分） （4）家长会 1）家长会的种类、组织与开展（0.5分） 2）组织家长会的工作内容（0.5分）	4分	错、漏一处扣0.5分
4. 协助教师组织家长会（小班家长会）	（1）目标：让家长充分了解孩子入园以来的适应情况，使家长放心；同时了解孩子在园的教学内容、小班幼儿的发展目标及学习形式等（0.5分） （2）家长会的准备：孩子入园一周的照片或者视频（尽量拍到每一个孩子）；教师学习并熟知《3—6岁儿童学习与发展指南》中小班幼儿的相关内容，并制作演示文档（0.5分） （3）家长会的过程 1）介绍班级三位保教老师及其职责分工、孩子入园一周的表现、孩子在园的一日活动（0.5分） 2）介绍幼儿园小班的培养目标、本学期的教育计划（0.5分） 3）说明需要家长配合的方向（能力、资料、保健），听取家长建议，个别交流（0.5分） （4）家长会的准备及配合要点：配合进行家长会前环境准备及物品准备，引导家长签到、就坐；观察家长的动态和需求，如倒水、去卫生间等；及时解答家长的问题；引导家长有序离开，进行收纳整理；三位老师一起研讨、分析本次活动开展的亮点和不足，以及如何进行补救和规避等（0.5分）	3分	错、漏一处扣相应分值
合计		10分	

第二部分　模拟试卷

保育员中级理论知识考核模拟试卷

一、判断题（第1~40题。将判断结果填入括号中，正确的填"√"，错误的填"×"。每题0.5分，满分20分）

1. 烟尘不是空气污染中的污染源。（　　）
2. 儿童伤害与空气污染不相关。（　　）
3. 活性炭是一种吸附能力很强的炭，可以吸收空气中的甲醛、苯及苯系物、氨、氡等有毒有害气体。（　　）
4. 在室外空气质量较差时（如雾霾、大风天、沙尘暴等），应避免开窗通风。（　　）
5. 环境污染已经成为诱发白血病的主要原因。（　　）
6. 婴幼儿撒饭后，保育员要先清洁桌面和地面，然后再处理孩子的衣服。（　　）
7. 婴幼儿腹泻污染衣物，为孩子洗屁股时应由前往后洗。（　　）
8. 便池每天随时用随时冲刷，每周五用漂白粉浸泡后彻底清洁一次。（　　）
9. 脏的木制玩教具可以用水洗后放在太阳下晾晒。（　　）
10. 图书暴晒时间最好选择在上午九点到下午两点。（　　）
11. 食物分类中的谷薯类包括米、面、玉米、红薯等。（　　）
12. 介绍饭菜可以用情景语言法、游戏活动法、报菜名猜食物法。（　　）
13. 食物过敏的表现与免疫反应类型有关。（　　）
14. 冬季，婴幼儿饮水的温度以40℃为宜。（　　）
15. 洗手过程中，如果人数较多，可以在盥洗室贴上排队标记，提醒婴幼儿排队。（　　）
16. 洗脸时应倒入适量的温水（水温一般在35~40℃），将干净的个人专用毛巾放到盆中浸湿。（　　）
17. 3岁以下婴儿不需要学会使用蹲厕。（　　）
18. 秋冬季节，婴幼儿睡觉时会因缺钙或被褥太厚而出汗，如果穿衣服睡觉，起床后很

容易伤风感冒。( )

19. 保育员应指导婴幼儿不侧卧、不仰卧、不蒙头睡觉,鼓励婴幼儿趴卧或跪卧。
( )

20. 可以训练婴幼儿1岁半以后蹲尿盆,使婴幼儿建立起便盆与排尿之间的条件反射,逐渐养成自主控制排尿的习惯。( )

21. 婴幼儿的生长发育是一个连续的、阶段性的过程。( )

22. 一般高热惊厥出现在中后期体温最高时,表现为意识丧失、呼之不应、双目凝视、牙关紧闭。( )

23. 患手足口病的婴幼儿不会出现咳嗽、流涕、流涎的症状。( )

24. 保育员在查房时发现婴幼儿出现发热、咽喉肿痛、全身猩红色皮疹,可考虑麻疹。
( )

25. 联合疫苗能预防的疾病数量多,大大减少了婴幼儿总体接种次数,但是增加了不良反应风险率。( )

26. 1岁以上儿童量身高,要取立正姿势,脱去帽、鞋、袜,松开发辫,穿单衣站在测量仪上,头部保持正直位置,两眼直视正前方。( )

27. BMI是一种利用身高、体重评价营养水平的方法,与身体脂肪存在高度的相关性,对≥3岁儿童超重、肥胖的判断优于身高别体重。( )

28. 体弱儿是指由于先天不足或后天反复疾病而使生长明显受到影响的儿童。( )

29. 婴幼儿要多食芹菜、蒜苗、韭菜等维生素C含量高的蔬菜。( )

30. 对于贫血体弱儿,以补铁纠正贫血为主,应多食红肉、蛋黄等食物。( )

31. 游戏能促进婴幼儿体、智、德的发展,但不能促进婴幼儿美育的发展。( )

32. 2~4岁的婴幼儿手眼协调能力差,自我保护能力弱,因此美工区要给孩子提供圆头的安全剪刀,不要投放尖锐的物品或过于细小的珠子、亮片等。( )

33. 比较重的盒子、积木等物品,放置的位置不能太高,以免婴幼儿取拿困难。( )

34. 体育游戏按游戏活动的形式分类,可分为接力游戏、接拍游戏、争夺游戏、角力游戏、猜摸游戏。( )

35. 行为观察法是指无目的、无计划地观察婴幼儿的言语和行为的研究方法。( )

36. 活泼好动是婴幼儿的天性,过分的"多动"也不会影响婴幼儿的正常发育。
( )

37. 社会环境、破裂的家庭、父母性格不好、意外的精神刺激等都易导致婴幼儿注意力不集中、多动。( )

38. 婴幼儿胆怯的原因大致包括遗传因素、家庭教育、保育员的教育观念陈旧。( )

39. 家园有效合作的前提是保教人员与家长之间的相互尊重。只有相互尊重双方才能实现有效的沟通和交流，才能积极主动地进行配合和合作。（　　）

40. 在指导家庭教育时，保育员不必注意分析婴幼儿表现的个别行为，得出结论后告知家长。（　　）

二、单项选择题（第40~200题。下列每题有4个选项，其中只有1个是正确的，请将其代号填写在横线空白处。每题0.5分，满分80分）

41. _____气体不是空气污染中的污染物。
　　A. 二氧化氮　　　　　　　　B. 二氧化硫
　　C. 二氧化碳　　　　　　　　D. 一氧化碳

42. 儿童的_____病100%是由环境污染造成的。
　　A. 哮喘　　　　　　　　　　B. 铅中毒
　　C. 出生缺陷　　　　　　　　D. 神经发育障碍

43. _____属于化学污染源。
　　A. 噪声　　　　　　　　　　B. 光
　　C. 螨虫　　　　　　　　　　D. 苯

44. _____属于物理污染源。
　　A. 家具　　　　　　　　　　B. 化妆品
　　C. 噪声　　　　　　　　　　D. 杀虫剂

45. _____属于生物污染源。
　　A. 细菌　　　　　　　　　　B. 电磁辐射
　　C. 煤气　　　　　　　　　　D. 厨房的油烟

46. 室内空气污染分为_____三类。
　　A. 化学污染、光污染、螨虫污染　　B. 化学污染、物理污染、光污染
　　C. 化学污染、物理污染、生物污染　　D. 空气污染、光污染、螨虫污染

47. 家用活性炭可以有效吸收空气中的_____。
　　A. 氨　　　　　　　　　　　B. 甲醛
　　C. 二氧化硫　　　　　　　　D. 二氧化氮

48. 以下物品中含甲醛最高的是_____。
　　A. 地毯　　　　　　　　　　B. 实木家具
　　C. 含甲醛树脂的木压制品　　D. 油漆

49. 在保持室内空气的流通措施中，最方便有效的是_____。
　　A. 开窗通风　　　　　　　　B. 空气净化器

C. 新风系统　　　　　　　　　　D. 家用活性炭

50. 自然通风主要靠_____来实现。
    A. 开窗通风　　　　　　　　　B. 排风扇对流
    C. 空调换气　　　　　　　　　D. 开电风扇

51. 自然通风时，室温仍达到_____℃以上，可采用人工通风，以达到空气流通的目的。
    A. 26　　　　　　　　　　　　B. 28
    C. 30　　　　　　　　　　　　D. 32

52. 传染病流行时期，应加强通风，增加通风次数，_____通风时间。
    A. 延长　　　　　　　　　　　B. 保证
    C. 均衡　　　　　　　　　　　D. 缩短

53. 冬季睡眠室的通风，应在午睡前_____min停止，避免婴幼儿进入时温度太低。
    A. 15　　　　　　　　　　　　B. 30
    C. 45　　　　　　　　　　　　D. 60

54. 夏季室内温度以超过_____℃为宜。
    A. 26　　　　　　　　　　　　B. 27
    C. 28　　　　　　　　　　　　D. 29

55. 在不适宜开窗通风时，每日应当采取其他方法对室内空气消毒_____次。
    A. 1　　　　　　　　　　　　 B. 2
    C. 3　　　　　　　　　　　　 D. 4

56. 没有配备空调的托幼机构，如室温过高，一般不采用_____方法进行降温。
    A. 开电风扇　　　　　　　　　B. 开窗对流
    C. 地面洒水　　　　　　　　　D. 放置凉水

57. 睡眠室的通风选择在_____时。
    A. 婴幼儿外出活动　　　　　　B. 婴幼儿上床准备入睡
    C. 婴幼儿准备起床　　　　　　D. 婴幼儿睡眠

58. 使用活性炭属于_____。
    A. 植物消除法　　　　　　　　B. 吸附法
    C. 化学清除法　　　　　　　　D. 扩散法

59. 为避免婴幼儿撒饭，保育员应该_____。
    A. 尽量喂饭　　　　　　　　　B. 少盛饭菜
    C. 培养进餐习惯　　　　　　　D. 孩子不专心吃饭时马上批评

60. 处理呕吐物时，呕吐物和消毒剂的比例为_____。
    A. 100∶1   B. 200∶1
    C. 300∶1   D. 400∶1

61. 处理呕吐物时，呕吐物需要和消毒剂作用_____ min。
    A. 10   B. 20
    C. 30   D. 40

62. 便池清洁消毒时应使用漂白粉或洁厕灵浸泡便池_____ min。
    A. 5   B. 10
    C. 15   D. 20

63. 便池、马桶的清洁消毒程序是_____。
    A. 用消毒液从上到下擦拭墙面瓷砖及便器扶手→用去污粉擦净冲洗→用洁厕灵擦拭→用消毒液消毒
    B. 用去污粉擦净冲洗→用洁厕灵擦拭→用消毒液消毒
    C. 用洁厕灵擦拭→用消毒液消毒
    D. 用消毒液从上到下擦拭墙面瓷砖及便器扶手→用洁厕灵擦拭→用消毒液消毒

64. 每次婴幼儿集体如厕前，水龙头应_____。
    A. 用消毒液消毒   B. 用清水冲洗
    C. 用湿抹布擦拭   D. 用干抹布擦拭

65. 婴幼儿睡眠床清洁一般采取_____方式。
    A. 用半干抹布擦拭   B. 用84消毒液消毒
    C. 高温消毒   D. 手持吸尘器清洁

66. 婴幼儿睡眠室地面清洁的正确方式是_____。
    A. 使用扫帚清扫   B. 使用抹布或半干拖把
    C. 洒水   D. 湿拖

67. 木制玩/教具的正确清洁方式是_____。
    A. 干净纱布蘸取75%酒精或3%来苏水擦拭后再用干净的布擦拭
    B. 使用肥皂水冲洗
    C. 用湿抹布擦拭
    D. 用消毒液浸泡

68. 小件塑料玩/教具的清洁方法是_____。
    A. 用消毒液浸泡   B. 使用纱布蘸取75%酒精擦拭
    C. 用干抹布擦拭   D. 在水中浸泡

69. 图书清洁方法中的阳光暴晒法要求暴晒时间是_____以上。
   A. 2 h
   B. 4 h
   C. 6 h
   D. 8 h

70. 布质图书清洁的方法有_____。
   A. 水洗
   B. 只要不脏不用清洗
   C. 消毒液兑水（1∶50）清洗
   D. 洗衣粉清洗

71. 盥洗室便池清洁的方式是_____。
   A. 用清洁剂浸泡、刷洗便池，擦拭池底、拐角、下水管道
   B. 用半干抹布擦拭
   C. 用84消毒液浸泡
   D. 用水直接冲洗

72. 清洁水池应使用_____。
   A. 去污粉
   B. 洗衣粉
   C. 洗衣剂
   D. 清洁剂

73. 睡眠室的合适温度为_____℃。
   A. 15~18
   B. 18~25
   C. 25~28
   D. 28~32

74. 婴幼儿睡眠时保育员布置睡眠环境，应_____。
   A. 拉上窗帘，降低声音干扰
   B. 关闭门窗降低噪声
   C. 盖上被子
   D. 将温度调到25~28 ℃

75. 婴幼儿床上用品清洗应使用_____。
   A. 洗衣剂
   B. 洗衣粉
   C. 肥皂
   D. 清洁剂

76. 阳光下暴晒1~2 h的消毒方式适合_____玩具。
   A. 塑料
   B. 木制
   C. 毛绒
   D. 电子

77. 对电子塑料玩具可使用_____方式消毒。
   A. 消毒液擦拭
   B. 白醋浸泡抹布擦拭
   C. 用水冲洗
   D. 太阳暴晒

78. 活动室地面清洁应使用半干的干净托把_____，同时注意不断清洗拖把。
   A. 从里面向门口倒退着从右向左横拖
   B. 从里面向门口倒退着从左向右横拖
   C. 从门口向里面从右向左横拖推进
   D. 从门口向里面推进

79. 活动区域玩具柜的正确清洁方式是_____。
    A. 用半干抹布擦拭　　　　　　　　B. 用干抹布擦拭
    C. 用抹布蘸消毒液擦拭　　　　　　D. 用湿抹布擦拭

80. 活动室消毒前清洁的基本程序是_____。
    A. 擦拭门→擦拭窗→清洁玩具柜→擦拭桌椅→清洁地面
    B. 擦拭门→擦拭窗→清洁玩具柜→擦拭桌椅→清洁地面→物品摆放→清洁抹布、拖把
    C. 开窗通风→擦拭灯具→清洁墙壁→擦拭门→擦拭窗→清洁玩具柜→擦拭桌椅→清洁地面→物品摆放→清洁抹布、拖把
    D. 开窗通风→擦拭灯具→清洁墙壁→擦拭门→擦拭窗→清洁地面→物品摆放

81. _____能维持婴幼儿正常的生长和发育。
    A. 膳食　　　　　　　　　　　　　B. 谷物
    C. 蔬菜　　　　　　　　　　　　　D. 水

82. 植物油含有的营养成分有_____。
    A. 蛋白质　　　　　　　　　　　　B. 脂肪
    C. 维生素　　　　　　　　　　　　D. 矿物质

83. _____小儿的食物应切细、切小片、切小丁、去骨、去刺。
    A. 2~3岁　　　　　　　　　　　　B. 3~4岁
    C. 3岁以下　　　　　　　　　　　D. 3~5岁

84. _____可充分满足婴幼儿好奇心和求知欲。
    A. 报菜名猜食物　　　　　　　　　B. 开展谜语活动猜菜名
    C. 情景语言法　　　　　　　　　　D. 游戏活动法

85. 湿疹是_____过敏表现。
    A. 慢性　　　　　　　　　　　　　B. 急性
    C. 过弱　　　　　　　　　　　　　D. 过强

86. 饮水的温度根据季节而不同，夏季可在_____℃。
    A. 0　　　　　　　　　　　　　　B. 40
    C. 20　　　　　　　　　　　　　 D. 35

87. 饮水的温度一般_____室温。
    A. 高于　　　　　　　　　　　　　B. 等于
    C. 低于　　　　　　　　　　　　　D. 不低于

88. 如果孩子觉得水不好喝、没有味道，可以_____。

A. 在水里放点糖

B. 当孩子尝试喝第一口水的时候鼓励并大声表扬孩子

C. 建议家长带孩子喜欢喝的水来园

D. 都可以

89. 婴幼儿洗手过程中的泡沫量是_____。

　　A. 涂满整个手掌　　　　　　　　B. 一颗葡萄大小

　　C. 不需要涂泡泡　　　　　　　　D. 拳头大小

90. _____孩子白天所需睡眠时间为 2.5~3 h。

　　A. 2~6 个月　　　　　　　　　　B. 7~12 个月

　　C. 1~3 岁　　　　　　　　　　　D. 3~6 岁

91. 洗脸的顺序是_____。

　　A. 眼、脸、嘴、鼻、耳　　　　　B. 眼、鼻、耳、脸、嘴

　　C. 眼、耳、鼻、嘴、脸　　　　　D. 眼、脸、嘴、耳、鼻

92. 冬季婴幼儿洗脚合适的水温是_____℃。

　　A. 38~40　　　　　　　　　　　B. 40~45

　　C. 45~50　　　　　　　　　　　D. 50~55

93. 幼儿洗头前，保育员应用_____提前试温，防止幼儿烫伤。

　　A. 手背　　　　　　　　　　　　B. 手腕

　　C. 手掌　　　　　　　　　　　　D. 手指

94. _____岁以后的儿童可以淋浴。

　　A. 1　　　　　　　　　　　　　B. 2

　　C. 3　　　　　　　　　　　　　D. 5

95. 如果婴幼儿不小心把粪便弄到裤子上，以下做法_____更妥当。

　　A. 批评，警告下次不能再这样　　B. 告诉家长，在家中进行批评

　　C. 忽略这次行为　　　　　　　　D. 稳定幼儿情绪，进行安抚和鼓励

96. 下列不属于婴幼儿穿衣服正确方法的是_____。

　　A. 找到衣服正面，朝下摆放，将头钻入领口

　　B. 找到两只袖子，两只手臂套入其中

　　C. 拉下衣服、包好肚子

　　D. 保育员直接替孩子穿衣服

97. 脱衣服的正确顺序是_____。

　　A. 裤子、鞋子、袜子、上衣　　　B. 鞋子、袜子、裤子、上衣

C. 裤子、鞋子、上衣、袜子　　　　D. 上衣、裤子、鞋子、袜子

98. 白天婴幼儿的活动量_____，养成早睡早起的作息规律，这样可以使婴幼儿的神经系统保持相对安静，有利于睡眠和适时排尿。

　　A. 应当增强　　　　　　　　　　B. 不宜过大
　　C. 不宜过小　　　　　　　　　　D. 应当减少

99. 婴幼儿睡前准备很重要，_____要清淡，不要喝大量的汤或水。

　　A. 午饭　　　　　　　　　　　　B. 晚饭
　　C. 午饭和晚饭　　　　　　　　　D. 零食和点心

100. 保育员要做有心人，在接新班、对班内婴幼儿情况不是很了解的情况下，可以运用_____的方法来掌握婴幼儿的具体信息。

　　A. 记录　　　　　　　　　　　　B. 观察记录
　　C. 询问了解　　　　　　　　　　D. 提前了解

101. _____是6月龄内婴儿最佳的喂养方式。

　　A. 混合喂养　　　　　　　　　　B. 纯母乳喂养
　　C. 奶粉喂养　　　　　　　　　　D. 牛羊乳喂养

102. 婴儿喂养的_____和节奏感会随着两次喂哺间隔的延长逐渐明显。

　　A. 节奏性　　　　　　　　　　　B. 规则性
　　C. 规律性　　　　　　　　　　　D. 时间性

103. 婴儿开始添加辅食后应减少糖和_____的摄入。

　　A. 盐　　　　　　　　　　　　　B. 醋
　　C. 维生素　　　　　　　　　　　D. 热量

104. 母乳喂养可以持续到_____或以上。

　　A. 1岁　　　　　　　　　　　　 B. 2岁
　　C. 2岁半　　　　　　　　　　　 D. 3岁

105. 婴幼儿辅食添加要从含_____的泥糊状食物开始。

　　A. 钙　　　　　　　　　　　　　B. 铁
　　C. 锌　　　　　　　　　　　　　D. 维生素C

106. 以下不属于辅食添加原则的是_____。

　　A. 循序渐进　　　　　　　　　　B. 从稀到稠
　　C. 从少到多　　　　　　　　　　D. 从粗到细

107. 婴幼儿通过熟悉、_____、联想、分类而学习接受新的食物。

　　A. 观察　　　　　　　　　　　　B. 感受

C. 使用　　　　　　　　　　　　D. 练习

108. _____的各种成分可调节婴幼儿身体生理功能。
　　A. 膳食　　　　　　　　　　　B. 谷物
　　C. 蔬菜　　　　　　　　　　　D. 水

109. 以下食物属于_____谷物类。
　　A. 米、面、土豆　　　　　　　B. 面、杂粮、胡萝卜
　　C. 杂粮、米、大豆　　　　　　D. 米、面、杂粮

110. 婴幼儿正确的进餐姿势是_____。
　　A. 身体坐正
　　B. 身体坐正、靠近餐桌、右手拿勺子或筷子
　　C. 左手拿勺子或筷子
　　D. 身体坐正，靠近餐桌，一手拿勺子或筷子、一手扶碗，专心吃饭

111. 当幼儿进餐出现_____情况时，保育员需要及时予以纠正。
　　A. 身体坐正　　　　　　　　　B. 细嚼慢咽
　　C. 托腮、扶头　　　　　　　　D. 专心吃饭

112. 报菜名猜食物游戏可使婴幼儿了解_____中蕴含的文化。
　　A. 中华菜名　　　　　　　　　B. 西方菜名
　　C. 烹饪手法　　　　　　　　　D. 食物配料

113. 食物过敏的表现与_____类型有关。
　　A. 免疫反应　　　　　　　　　B. 过敏反应
　　C. 慢性消化道炎症　　　　　　D. 湿疹

114. 良好的进餐环境可使婴幼儿_____。
　　A. 快速进食　　　　　　　　　B. 专心进食
　　C. 慢慢进食　　　　　　　　　D. 挑食

115. 幼儿一天的饮水量应不少于_____mL。
　　A. 550　　　　　　　　　　　B. 600
　　C. 700　　　　　　　　　　　D. 500

116. 洗手过程中_____是不正确的。
　　A. 小手放低　　　　　　　　　B. 不玩水
　　C. 不弄湿衣服　　　　　　　　D. 涂很多泡泡

117. 刷牙的顺序是_____。
　　A. 里面→外面→咬合面　　　　B. 外面→里面→咬合面

C. 外面→咬合面→里面　　　　　D. 咬合面→外面→里面

118. 洗澡时，需要重点清洗脖子、大腿根、外阴、腋窝、_____和皮肤褶皱处。
    A. 脚踝　　　　　　　　　　　B. 脚背
    C. 脚心　　　　　　　　　　　D. 脚趾

119. 引导婴幼儿观察袜子特点、区分袜子里外，不包括_____。
    A. 图案　　　　　　　　　　　B. 线头
    C. 接缝处　　　　　　　　　　D. 脚后跟设计

120. 婴幼儿不适宜穿长裙来幼儿园，以下原因中不正确的是_____。
    A. 上卫生间容易弄脏　　　　　B. 容易不专注上课
    C. 户外运动不安全　　　　　　D. 穿脱不便

121. 肥胖是指婴幼儿体重超过按身高计算的标准体重_____以上。
    A. 10%　　　　　　　　　　　B. 20%
    C. 30%　　　　　　　　　　　D. 40%

122. 身材矮小是指婴幼儿身高比相应年龄组人群按年龄的身高均值低_____个标准差以上。
    A. 1　　　　　　　　　　　　B. 1.5
    C. 2　　　　　　　　　　　　D. 2.5

123. 下列描述中健康婴幼儿的精神状态不包括_____。
    A. 反应敏捷　　　　　　　　　B. 活泼好动
    C. 精神萎靡　　　　　　　　　D. 情绪饱满

124. 正常的婴幼儿面色_____。
    A. 红润　　　　　　　　　　　B. 苍白
    C. 发黄　　　　　　　　　　　D. 发红

125. 儿童恶心、呕吐代表可能出现了_____疾病。
    A. 心脏　　　　　　　　　　　B. 肝脏
    C. 胃肠道　　　　　　　　　　D. 脾脏

126. 以下有关患病婴幼儿的日常护理描述错误的是_____。
    A. 大量运动增强机体的抵抗力　B. 饮食清淡
    C. 及时增减衣物　　　　　　　D. 注意婴幼儿个人清洁卫生

127. 使用体温计前，应把体温计的刻度甩至_____℃以下。
    A. 35.0　　　　　　　　　　　B. 35.5
    C. 36.0　　　　　　　　　　　D. 36.5

128. 一般于用药_____min后复测体温，以观察患儿的用药效果。
    A. 10   B. 20
    C. 30   D. 40

129. 以下关于发热患儿的护理说法错误的是_____。
    A. 保持婴幼儿所处环境的清洁和安静   B. 让患儿多休息，避免剧烈活动
    C. 补充优质蛋白   D. 及时增减衣物

130. 物理降温不包括_____。
    A. 冰袋降温   B. 温水浴
    C. 冷湿敷   D. 空气浴

131. 如果儿童在幼托机构出现高热惊厥，以下急救方法正确的是_____。
    A. 拨打急救电话，同时让儿童平卧，清除口腔分泌物
    B. 拨打急救电话，用力按住儿童以免受伤
    C. 拨打急救电话，观察儿童病情变化，不明病因，暂时不予处理
    D. 拨打急救电话，同时用拇指按压人中使抽搐停止发作

132. 以下关于传染病的特征错误的是_____。
    A. 病程无规律性   B. 由病原体引发
    C. 具有一定传染性   D. 具有免疫性

133. 某4岁儿童发热，口腔、手掌、脚掌及臀部出现斑丘疹及疱疹，可能是得了_____。
    A. 水痘   B. 麻疹
    C. 手足口病   D. 猩红热

134. 已确诊手足口病的儿童需要隔离_____天。
    A. 7   B. 10
    C. 14   D. 20

135. 明明出现了发热、结膜炎、口腔麻疹黏膜斑、全身斑丘疹，他可能是得了_____。
    A. 水痘   B. 麻疹
    C. 手足口病   D. 猩红热

136. 麻疹患者出疹_____天前后均有传染性。
    A. 7   B. 10
    C. 14   D. 5

137. 3岁的红红，近几日发热，全身皮肤出现淡红色斑疹，继之发展成透明的椭圆形小

水疱，周围有红晕，她最可能得的疾病是_____。

  A．水痘   B．麻疹

  C．风疹   D．幼儿急疹

138．预防水痘最有效的方法是_____。

  A．切断传播途径   B．接种水痘疫苗

  C．本病流行期间，少去公共场所 D．卫生消毒

139．流行性腮腺炎患儿应隔离至_____天为止。

  A．腮腺肿胀消退后3   B．腮腺肿胀消退后7

  C．腮腺肿胀消退后14   D．腮腺肿胀消退后21

140．以下关于流行性感冒防治的做法错误的是_____。

  A．加强流感的检疫，以早期发现患儿

  B．养成良好的个人卫生习惯

  C．诊断明确者可用抗生素治疗

  D．接种流感疫苗进行预防

141．细菌性菌痢患儿_____方可解除隔离。

  A．临床症状消失，大便培养连续1次阴性

  B．临床症状基本消失，大便培养连续1次阴性

  C．临床症状消失，大便培养连续2次阴性

  D．临床症状基本消失，大便培养连续2次阴性

142．_____个月以上的婴儿从母体获得的抗体已经逐渐消失，易感染疾病。

  A．4   B．5

  C．6   D．7

143．以下属于儿童一类疫苗的是_____。

  A．流感病毒疫苗   B．水痘疫苗

  C．轮状病毒疫苗   D．乙肝疫苗

144．以下关于接种疫苗后儿童的护理错误的是_____。

  A．多饮食   B．多洗澡

  C．多休息   D．观察不良反应

145．_____是婴儿出生后真正适应外界环境突变的重要的时期。

  A．新生儿期   B．婴儿期

  C．幼儿期   D．学龄期

146．儿童出现第二个生长发育的高峰期是_____。

A. 学龄前期 B. 青春期
C. 幼儿期 D. 学龄期

147. 以下关于测量头围的描述错误的是_____。
    A. 被测儿童脱去帽子
    B. 用无弹性的软尺测量
    C. 测量时软尺应紧贴皮肤
    D. 所用软尺要标准，不需要有 0.1 cm 的刻度

148. 某儿童身高为均值+0.9SD，评价为_____。
    A. 中下 B. 中
    C. 中上 D. 上

149. 儿童体格生长评价内容不包括_____。
    A. 生长水平 B. 生长速度
    C. 生长规律 D. 匀称度

150. 儿童体弱的原因不包括_____。
    A. 喂养方式 B. 母亲的变化程度
    C. 先天因素 D. 过度运动

151. 户外活动可促进皮肤的光照，合成维生素_____。
    A. A B. D
    C. C D. E

152. 儿童_____月龄后应注意添加红肉类等富含铁的食物预防贫血。
    A. 5 B. 6
    C. 7 D. 8

153. 儿童青少年应每天摄入_____mL 左右的牛奶。
    A. 250 B. 500
    C. 750 D. 1 000

154. 以下有关运动的描述错误的是_____。
    A. 促进心肺功能 B. 使血液循环加快
    C. 新陈代谢减慢 D. 促进骨骼生长

155. 体弱儿不包括_____。
    A. 患支气管肺炎婴幼儿 B. 患营养不良婴幼儿
    C. 早产儿 D. 患先天性心脏病婴幼儿

156. 早产儿出生时不满_____周。

A. 35 B. 37
C. 39 D. 40

157. 低出生体重儿的出生体重不满_____g。
　　A. 1 000　　　　　　　　　B. 1 500
　　C. 2 000　　　　　　　　　D. 2 500

158. 以下有关营养不良儿的膳食调理描述错误的是_____。
　　A. 米面搭配　　　　　　　　B. 先添加质软、易消化食品
　　C. 循序渐进增加摄入量　　　D. 适当减少总摄入量

159. 对于贫血体弱儿，平日应多食富含铁的_____食物。
　　A. 红肉类　　　　　　　　　B. 奶类
　　C. 谷薯类　　　　　　　　　D. 水果类

160. 以下有关反复呼吸道感染和患肺炎幼儿的膳食调理建议说法错误的是_____。
　　A. 进食质软、易消化的食品　B. 多饮白开水
　　C. 不能吃高蛋白的食物以免积食　D. 食用流质和半流质食品

161. 游戏可以缩短婴幼儿掌握_____准则的过程，有利于他们在现实生活中较快地掌握和形成良好的道德行为。
　　A. 思维能力　　　　　　　　B. 动作发展
　　C. 道德行为　　　　　　　　D. 游戏

162. 游戏能促进婴幼儿各方面的发展，它是教师对婴幼儿进行_____全面发展教育的有力手段，保育员和教师要充分利用游戏对婴幼儿进行教育。
　　A. 德、智、体　　　　　　　B. 锻炼
　　C. 体、智、德、美　　　　　D. 以上都是

163. 主动性游戏中，婴幼儿可以自由控制游戏的速度，或按自己的意愿来决定游戏的形式，如_____等。
　　A. 玩沙玩水　　　　　　　　B. 写字
　　C. 体育比赛　　　　　　　　D. 看书

164. 游戏材料的投放要符合婴幼儿的_____。
　　A. 年龄　　　　　　　　　　B. 大小
　　C. 个体差异　　　　　　　　D. 发展水平

165. 保育员首先要学会观察和了解婴幼儿角色意识的_____个阶段，有针对性地进行指导，使婴幼儿的角色扮演水平不断提高。
　　A. 四　　　　　　　　　　　B. 三

C. 五 　　　　　　　　　　　D. 两

166. 角色游戏所需时间一般都较长，每次不能少于_____min。
 A. 20 　　　　　　　　　　　B. 30
 C. 40 　　　　　　　　　　　D. 50

167. 小班幼儿处于基础动作阶段的初始期，_____较强，思维活动比较形象，对体育游戏中的角色、故事情节、活动过程比较感兴趣。
 A. 模仿能力 　　　　　　　　B. 表演能力
 C. 倾听能力 　　　　　　　　D. 专注能力

168. 中班阶段的体育游戏，应以_____动作技能为主、稳定性动作技能为辅。
 A. 移动性 　　　　　　　　　B. 协作性
 C. 挑战性 　　　　　　　　　D. 操作性

169. 热身运动应按照由慢到快、由上到下、由整体到局部、_____的顺序，开展关节活动、模仿操、热身操等。
 A. 由弱到强 　　　　　　　　B. 由强到弱
 C. 强弱交替 　　　　　　　　D. 由左到右

170. 示范从_____cm高处往下跳时，落地时应前脚掌先着地，双手后摆，屈膝保持平衡。
 A. 20~30 　　　　　　　　　B. 20~40
 C. 10~20 　　　　　　　　　D. 40~50

171. 保育员在观察婴幼儿时，要在_____状态下进行，不能影响婴幼儿的常态表现。
 A. 自然 　　　　　　　　　　B. 家庭
 C. 幼儿园 　　　　　　　　　D. 游戏

172. 保育员要承担观察特殊婴幼儿、照顾有缺陷婴幼儿的责任，尽可能做到_____。
 A. 因材施教 　　　　　　　　B. 因地制宜
 C. 对症下药 　　　　　　　　D. 随机应变

173. 皮亚杰强调在_____下观察儿童的重要性，他强调要尽量在托幼机构、家庭等自然场景下进行观察才是真实的。
 A. 受控环境 　　　　　　　　B. 自然环境
 C. 封闭环境 　　　　　　　　D. 开放环境

174. 保育员在进行观察时，必须注意预防可能干预婴幼儿常态表现的因素，最好不让婴幼儿觉察到自己正在被观察，以防止_____的发生。
 A. 危险行为 　　　　　　　　B. 胆怯行为

C. 无效行为　　　　　　　　　　D. 虚假行为

175. 有些儿童受_____、遗传和活动过少等因素的影响，摄入大于消耗，使体内脂肪过度积聚，体重超过一定范围，医学上称为单纯性肥胖。

　　A. 疾病　　　　　　　　　　B. 父母影响
　　C. 教育　　　　　　　　　　D. 饮食

176. 在_____，保育员要注意观察体弱儿和肥胖儿的情况，随时根据他们活动的情况为其增减衣服。

　　A. 做好场地准备的同时　　　B. 户外活动前
　　C. 户外活动中　　　　　　　D. 户外活动后

177. 对肥胖儿进行_____，开始时活动量应少一些，以后逐渐增加。在活动中宜采用一些既能促进能量消耗，又容易坚持的运动项目。

　　A. 身体素质训练　　　　　　B. 减肥活动
　　C. 身体锻炼　　　　　　　　D. 教育

178. _____气质儿童更易脾气爆发。

　　A. 易养性　　　　　　　　　B. 启动缓慢型
　　C. 难养型　　　　　　　　　D. 中间偏易养型

179. 问题行为的干预应在_____时开始。

　　A. 孩子情绪发作　　　　　　B. 问题行为强化
　　C. 孩子情绪平稳或者行为强度尚低　D. 重度恋物行为后

180. 多动儿普遍存在心理、情绪、_____方面的问题。

　　A. 行为　　　　　　　　　　B. 听觉
　　C. 饮食　　　　　　　　　　D. 发育

181. 多动儿的行为表现是_____、活动过度、情绪冲动、社会适应能力差等。

　　A. 注意力集中　　　　　　　B. 嗜睡
　　C. 安静内向　　　　　　　　D. 注意力分散

182. 不良的社会环境、破裂的家庭、父母性格不好、意外的精神刺激等都易导致婴幼儿_____。

　　A. 注意力集中　　　　　　　B. 进食不好
　　C. 注意力不集中、多动　　　D. 好哭

183. 保育员要正确认识婴幼儿的多动行为，宽容和接纳多动儿，以免他们因自责而挫伤_____。

　　A. 兴趣　　　　　　　　　　B. 好奇心

C. 自尊心 D. 自信心

184. 保育员可以建议多动儿家长掌握一些专门的感统训练知识，训练多动儿触觉、视觉、听觉、运动技巧等方面_____的活动能力。

　　A. 自主 B. 综合协调
　　C. 增强 D. 配合

185. 胆怯儿在独生子女中有一定的代表性，如孩子在家里活泼淘气，但到了托幼机构或其他环境中就变得_____、沉默寡言、退缩怕生、偏食、爱哭等。

　　A. 胆小怕事 B. 安安静静
　　C. 横冲直撞 D. 无所畏惧

186. 家长过度严厉，影响孩子情绪情感的正常发展，使他们心情抑郁，最后形成_____心理。

　　A. 恐慌 B. 惊讶
　　C. 抑郁 D. 胆怯

187. 从心理学角度讲，胆小是源于不自信。不自信便不敢承受压力，只能退缩逃避，这种心态在婴幼儿的_____中是有害的。

　　A. 学习 B. 生活和学习
　　C. 生活 D. 自信和自豪

188. 胆怯儿由于遇事逃避害怕而影响了自己的顺利发展。因为胆小，他在集体面前尤其是在陌生环境里，便失去了许多_____的机会。

　　A. 展现自己、锻炼自己 B. 展现自己
　　C. 锻炼自己 D. 学习

189. 作为保育员，必须对胆怯儿进行_____与指导帮助，尽量采取有效措施，协助这些孩子最大限度地参与活动，表现自己。

　　A. 反复教育 B. 正面教育
　　C. 批评教育 D. 个别教育

190. 与不同类型家长合作时，应讲究方法，如针对金口难开型的家长，应_____。

　　A. 积极、主动找家长沟通，拉家常、聊天，与其建立朋友关系
　　B. 将孩子的照片、视频、成长日记、作品等发给家长看，让家长了解孩子的在园情况，让家长放心、安心，循序渐进地建立起信赖关系
　　C. 经常邀请家长来园参加志愿者、讲座等集体活动，增强互动
　　D. 以上都是

191. 溺爱型家长的特点是_____。

A. 太过关心孩子吃、睡　　　　B. 不关心孩子吃、睡
C. 不担心孩子受到伤害或欺负　　D. A和B

192. 保育工作记录是保育员有效开展工作的重要依据，为_____婴幼儿在身体不同领域的发展提供了重要数据。
A. 分析和评价　　　　B. 总结
C. 统计　　　　　　　D. 查询和分析

193. 家庭教育指导的任务包括指导家长掌握科学的育儿方法和形成良好的_____。
A. 行为规范　　　　　B. 行为习惯
C. 教养习惯　　　　　D. 教养态度

194. 幼儿园要使家长意识到家庭教育需要与国家的教育方针和幼儿园教育法规的精神相一致，这体现了幼儿园家庭教育指导需要遵循_____原则。
A. 方向性　　　　　　B. 社会性
C. 了解性　　　　　　D. 科学性

195. 幼儿园家庭教育指导需要向家长宣讲现代_____和教育观。
A. 师生观　　　　　　B. 教学观
C. 母子观　　　　　　D. 儿童观

196. 亲子关系通常可分为四种类型，包括放任型、专制型、忽视型和_____。
A. 依赖型　　　　　　B. 焦虑型
C. 矛盾型　　　　　　D. 民主型

197. 在各种亲子关系类型中，_____的亲子关系最有益于婴幼儿个性的良好发展。
A. 依赖型　　　　　　B. 民主型
C. 自由型　　　　　　D. 管理型

198. _____是保育员做家长工作最常用的方式。
A. 专题讲座　　　　　B. 家长会
C. 家访　　　　　　　D. 随意交谈

199. 保教人员通过_____向家长报告孩子在园的情况，征求他们的意见，了解孩子在家的情况，以共同教育好孩子。这是一种简便、经济的托幼机构与家庭相互沟通的形式。
A. 家园联系册　　　　B. 接送时交流
C. 家长园地　　　　　D. 家长会

200. 保持家园协调一致，_____，会收到事半功倍的效果。
A. 使婴幼儿全方位地接受正面教育　　B. 适当地利用电化教育手段
C. 有礼貌地对待家长　　　　　　　　D. 做好本职工作

保育员中级理论知识考核模拟试卷参考答案及说明

一、判断题

1. ×	2. ×	3. √	4. √	5. ×	6. ×	7. √	8. ×	9. √	10. √
11. √	12. √	13. √	14. √	15. √	16. √	17. ×	18. √	19. ×	20. √
21. √	22. ×	23. ×	24. ×	25. ×	26. ×	27. ×	28. ×	29. ×	30. ×
31. ×	32. ×	33. √	34. ×	35. ×	36. ×	37. ×	38. ×	39. √	40. ×

【说明】

1. × 室内空气污染分为化学污染、物理污染和生物污染。化学污染主要来自装修、家具、玩具、燃气、杀虫剂、化妆品、抽烟、厨房的油烟产生的污染。烟尘是烟气和灰尘的混合物,也是污染源之一。

2. × 空气污染可使婴幼儿上呼吸道感染、支气管炎、鼻炎、扁桃体炎、哮喘、肺炎等的患病概率增加,影响婴幼儿的身高和智力健康发育。

5. × 空气污染已经成为诱发白血病的主要原因。

6. × 婴幼儿撒饭后,保育员应先处理孩子衣服上的污渍,必要时将脏衣服脱下清洗,为孩子换上干净衣服,再处理桌面、地面。

8. × 盥洗室地面、厕所随用随时用流动水冲洗,每天早晚各用500 mg/L 二溴海因消毒剂溶液洗刷1遍。

17. × 可以让会走路的婴儿采取蹲厕方式,保育员应指导其掌握正确的姿势。

19. × 指导婴幼儿不趴卧、不跪卧、不蒙头睡觉,鼓励婴幼儿侧卧或仰卧。

22. × 一般高热惊厥出现在疾病初期体温骤然上升时,表现为意识丧失、呼之不应、双目凝视、牙关紧闭、全身或局限性肢体抽搐,严重者甚至脚弓反张、颈项强直、面色发绀。

23. × 部分手足口病患儿可伴有咳嗽、流涕、食欲不振、流涎等症状。

24. × 猩红热临床以发热,咽喉肿痛或伴糜烂,全身猩红色皮疹,疹后脱屑蜕皮为特征。

25. × 联合疫苗能预防的疾病数量多,大大减少了婴幼儿总体接种次数,并降低了不良反应风险率。

26. × 3岁以上儿童量身高,要取立正姿势,脱去帽、鞋、袜,松开发辫,穿单衣站在测量仪上，头部保持正直位置，两眼直视正前方。

27. × BMI 是利用身高、体重评价营养的方法，与身体脂肪存在高度的相关性，对≥2岁儿童超重肥胖的判断优于身高别体重。

31. × 游戏也能促进婴幼儿美育的发展，如表演游戏对美育的促进作用。

32. × 3~4岁的幼儿手眼协调能力差，自我保护能力弱，因此美工区要给孩子提供圆头的安全剪刀，不要投放尖锐的物品或过于细小的珠子、亮片等。

35. × 行为观察法是指有目的、有计划地观察婴幼儿的言语和行为，从而了解其心理活动的研究方法。

36. × 活泼好动是婴幼儿的天性，但过分的"多动"却会影响婴幼儿的正常发育。

37. × 不良的社会环境、破裂的家庭、父母性格不好、意外的精神刺激等都易导致婴幼儿注意力不集中、多动。

38. × 婴幼儿胆怯的原因大致包括遗传因素、畸形的家庭教育、保育员的教育观念陈旧。

40. × 在指导家庭教育时，保育员要注意观察婴幼儿表现的个别行为，并指导家长如何实施家庭教育。

二、单项选择题

41. C	42. B	43. D	44. C	45. A	46. C	47. B	48. C	49. A	50. A
51. C	52. A	53. D	54. C	55. B	56. D	57. A	58. B	59. C	60. B
61. C	62. D	63. A	64. A	65. A	66. B	67. C	68. B	69. C	70. C
71. A	72. D	73. B	74. A	75. C	76. C	77. B	78. B	79. A	80. C
81. A	82. B	83. A	84. B	85. B	86. C	87. B	88. B	89. A	90. C
91. B	92. C	93. B	94. C	95. D	96. C	97. A	98. C	99. C	100. B
101. C	102. C	103. A	104. B	105. B	106. C	107. C	108. C	109. C	110. D
111. C	112. A	113. A	114. B	115. B	116. D	117. C	118. A	119. D	120. C
121. B	122. C	123. C	124. A	125. D	126. A	127. A	128. C	129. C	130. D
131. A	132. C	133. C	134. C	135. D	136. D	137. D	138. C	139. D	140. C
141. C	142. C	143. D	144. B	145. A	146. B	147. D	148. B	149. C	150. D
151. B	152. C	153. B	154. C	155. A	156. D	157. D	158. C	159. C	160. C
161. C	162. C	163. A	164. D	165. A	166. C	167. C	168. C	169. C	170. A
171. C	172. C	173. C	174. C	175. D	176. C	177. C	178. C	179. C	180. A
181. D	182. C	183. C	184. B	185. D	186. D	187. D	188. B	189. D	190. C
191. A	192. A	193. D	194. A	195. D	196. D	197. B	198. D	199. A	200. A

保育员中级技能操作考核模拟试卷

【题目1】七步洗手法操作演示

1. 考场准备

（1）本题分值：10分。

（2）考核时间：5 min。

（3）考核形式：模拟操作。

（4）设备设施准备：洗手液、口罩、工作服、工作帽、毛巾。

2. 考核要求及其注意事项

（1）操作演示七步洗手法具体步骤并口述。

（2）演示个人准备其他事项。

（3）按考核要点要求依次进行，时间一到立即停止操作，操作超过5 min本题零分。

【题目2】婴幼儿呕吐物的清洁

1. 考场准备

（1）本题分值：10分。

（2）考核时间：5 min。

（3）考核形式：模拟操作。

（4）设备设施准备：干净抹布、扫帚、簸箕、拖把、垃圾桶、二溴海因消毒剂、二溴海因消毒粉、喷壶、模拟人、口罩、流动水。

2. 考核要求及其注意事项

（1）操作演示物品准备、关怀指导、地面清洁的操作步骤及物品整理要求。

（2）按考核要点要求依次进行，时间一到立即停止操作，操作超过5 min本题零分。

【题目3】指导幼儿独立自主进餐

1. 考场准备

（1）本题分值：10分。

（2）考核时间：5 min。

（3）考核形式：模拟操作+口述。

（4）设备设施准备：食物模型、餐桌、餐具、餐桌布、餐巾纸、擦嘴巾、水杯、模拟人。

2. 考核要求及注意事项

（1）口述培养幼儿独立进餐习惯的方法，操作演示组织幼儿自助服务和餐后清洁。

（2）按考核要点要求依次进行，时间一到立即停止操作，操作超过 5 min 本题零分。

【题目4】指导中、大班幼儿整理衣物

1. 考场准备

（1）本题分值：10 分。

（2）考核时间：5 min。

（3）考核形式：模拟操作+口述。

（4）设备设施准备：模拟娃娃 1 个，有纽扣、翻折领子的长袖上衣 1 件，裤子 1 条，有鞋带的鞋子 1 双。

2. 考核要求及注意事项

（1）操作演示语言引导、协助或引导幼儿整理衣物。

（2）按考核点要求依次进行，时间一到立即停止操作，操作超过 5 min 本题零分。

【题目5】婴幼儿睡眠中遗尿问题的处理

1. 考场准备

（1）本题分值：10 分。

（2）考核时间：5 min。

（3）考核形式：模拟操作+口述。

（4）设施准备：小床 2 套、被褥 2 套、替换衣物 1 套、模拟娃娃 2 个。

2. 考核要求及注意事项

（1）操作演示入睡指导、巡视和遗尿护理。

（2）按考核点要求依次进行，时间一到立即停止操作，操作超过 5 min 本题零分。

【题目6】婴幼儿身高/身长的测量

1. 考场准备

（1）本题分值：10 分。

（2）考核时间：5 min。

（3）考核形式：实际操作。

（4）设备设施准备：身高体重测量仪或身高仪、记录笔、记录本、模拟人。

2. 考核要求及注意事项

（1）准备、测量，记录并进行评价。

（2）按考核要点要求依次进行，时间一到立即停止操作，操作超过 5 min 本题零分。

【题目7】发热婴幼儿的观察与护理

1. 考场准备

（1）本题分值：13 分。

（2）考核时间：5 min。

（3）考核形式：模拟操作。

（4）设备设施准备：冰袋、体温计、记录笔、记录本、毛巾、退热药、纸杯、模拟人。

2. 考核要求及注意事项

（1）操作演示准备流程、观察并发现发热婴幼儿的流程、发热婴幼儿就医前的观察与护理流程以及发热婴幼儿就医后的观察与护理流程。

（2）按考核要点要求依次进行，时间一到立即停止操作，操作超过 5 min 本题零分。

【题目8】参与组织室外体育游戏

请根据以下室外体育游戏活动方案，口述室外体育游戏活动前的准备、活动中的配合和活动后的整理工作。

1. 考场准备

（1）本题分值：15 分。

（2）考核时间：10 min。

（3）考核形式：口述。

2. 室外体育游戏活动方案

（1）活动主题：揪尾巴。

（2）活动班级：中班（6人）（为考核方便，设计6人班级场景）。

（3）活动目标

1）培养幼儿对活动内容的兴趣。

2）训练幼儿躲闪的灵活性。

（4）活动准备：尾巴6套。

（5）活动过程：由教师和幼儿分别在腰上戴上尾巴，互相揪尾巴，谁揪到对方的尾巴最多，同时保护自己的尾巴数量最多为获胜。

3. 考核要求及注意事项

（1）按照户外体育游戏活动前的准备、活动过程中的配合和活动后的整理工作要求进行说明。

（2）配合游戏活动方法正确、细致、全面。

（3）否定项说明：若考生发生下列情况之一，则应及时终止其考试，考生该试题成绩记为零分。

1) 未检查场地安全，造成责任事故。

2) 幼儿出现过度疲劳，损害幼儿身体健康。

3) 未及时观察婴幼儿的行为，发生事故。

【题目9】 对体弱儿的运动指导

1. 考场准备

1) 本题分值：12 分。

2) 考核时间：5 min。

3) 考核形式：模拟操作+口述。

4) 设备设施准备：记录笔、记录本、模拟人。

2. 考核要求及注意事项

（1）操作演示对体弱儿进行运动指导，回答考评员提问。

（2）按考核要点要求依次进行，时间一到立即停止操作，操作超过 5 min 本题零分。

保育员中级技能操作考核模拟试卷评分标准及说明

题目1　七步洗手法操作演示

1. 考核目的

保育员掌握正确的七步洗手法。

2. 评分项目及标准

评分项目	考核要点	配分	评分标准
1. 物品准备	（1）洗手液 （2）毛巾	1分	漏一项扣0.5分
2. 个人准备演示	（1）穿专用工作服，戴好帽子，将头发塞到帽子里，并戴上口罩（口罩要遮住口鼻）（0.5分） （2）不留长指甲，不涂染指甲（0.5分） （3）不戴戒指或其他装饰品（0.5分） （4）不穿高跟鞋或拖鞋（0.5分）	2分	错、漏一项扣0.5分
3. 口述洗手顺序	内、外、夹、弓、大、立、腕	1.5分	错、漏一项扣0.5分，扣完为止
4. 七步洗手法操作演示	（1）第一步（内）：洗手掌，流水湿润双手，涂抹洗手液（或肥皂），掌心相对，手指并拢相互揉搓（0.5分） （2）第二步（外）：洗背侧指缝，手心对手背沿指缝相互揉搓，双手交换进行（0.5分） （3）第三步（夹）：洗掌侧指缝，掌心相对，双手交叉沿指缝相互揉搓（0.5分） （4）第四步（弓）：洗指背，弯曲各手指关节，半握拳把指背放在另一手掌心旋转揉搓，双手交换进行（0.5分） （5）第五步（大）：洗拇指，一手握另一手拇指旋转揉搓，双手交换进行（0.5分） （6）第六步（立）：洗指尖，弯曲各手指关节，把指尖合拢在另一手掌心旋转揉搓，双手交换进行（0.5分） （7）第七步（腕）：洗手腕、手臂，揉搓手腕、手臂，双手交换进行（0.5分）	3.5分	错、漏一项扣0.5分
5. 注意事项（口述）	（1）应彻底清洗戴戒指、手表和其他装饰品的部位（1分） （2）应先摘下手上的饰物再彻底清洁（0.5分） （3）洗手每一步揉搓时间均应大于15 s（0.5分）	2分	错、漏一项扣相应分值
合计		10分	

题目 2　婴幼儿呕吐物的清洁

1. 考核目的

保育员掌握正确的婴幼儿呕吐物清洁方法。

2. 评分项目及标准

评分项目	考核要点	配分	评分标准
1. 物品准备	抹布、扫帚、簸箕、拖把、垃圾桶、二溴海因消毒剂、二溴海因消毒粉、喷壶	2分	漏一处扣0.5分，扣完为止
2. 个人准备	（1）衣帽整齐，戴口罩（0.5分） （2）着装整洁，修剪指甲，清洁双手（0.5分）	1分	未正确操作演示，每项扣0.5分
3. 关爱孩子	（1）协助孩子离开呕吐物，避免孩子将地面踩脏造成二次污染（0.5分） （2）用干净抹布及时擦洗、清洁孩子的衣物（0.5分） （3）必要时为孩子更换衣服并对衣服清洗消毒（口述）（0.5分） （4）提醒其他孩子避开呕吐物（0.5分）	2分	未正确操作演示，每项扣0.5分
4. 清洁地面	（1）按呕吐物和消毒剂200∶1的比例，加入50%二溴海因消毒粉，搅匀（0.5分） （2）作用30 min（0.5分） （3）用扫帚、簸箕将呕吐物扫入垃圾桶（0.5分） （4）将拖把用500 mg/L二溴海因消毒液浸泡（0.5分） （5）用拖把把地面拖洗干净（0.5分） （6）将拖把清洗干净，用清水再次拖洗地面（0.5分）	3分	未正确操作演示，每项扣0.5分
5. 人文关怀	（1）及时稳定孩子的情绪，询问孩子身体状况（0.5分） （2）告知保健医生和家长（0.5分）	1分	未正确操作演示，每项扣0.5分
6. 整理物品	（1）彻底清洁消毒所用抹布、扫帚和簸箕，悬挂晾干（0.5分） （2）用七步洗手法洗手（0.5分）	1分	未正确操作演示，每项扣0.5分
合计		10分	

题目 3　指导幼儿独立自主进餐

1. 考核目的

保育员掌握正确进餐习惯，并为幼儿做出正确的示范，根据情况给予不同程度的指导。

2. 评分项目及标准

评分项目	考核要点	配分	评分标准
1. 口述培养独立进餐习惯的方法	（1）培养进餐独立性：给孩子提供更多的动手机会，在体验中培养孩子独立性（1分） （2）陪伴指导进餐：陪伴进餐，提醒孩子端正坐姿、细嚼慢咽，进餐时不说话，保持安静（1分） （3）提醒注意进餐卫生：提醒孩子专心吃饭，如遇生理性反应如咳嗽、打喷嚏等应避开旁人，遮挡口鼻（1分）	3分	错、漏一项扣1分
2. 组织幼儿自助服务演示	（1）以小组为单位，组织幼儿有序排队到取餐具处自行拿餐具，再依次有序到取餐处取餐。取餐中指导幼儿学会用公勺或夹子取食物，自取食物时要按顺序拿取，不可拿太多，吃完再拿，避免浪费（1分） （2）观察进餐情况，对拿取食物量少的孩子可通过语言提示他吃完盘中食物后再去拿取些（1分） （3）如果食物中有易引起过敏食物，当过敏儿拿取时要提示换其他替代食物（1分）	3分	未正确操作演示、漏项，每项扣1分
3. 组织餐后清洁演示	（1）进餐完毕后，引导孩子将餐具送还到指定位置（1分） （2）指导孩子用餐桌布擦拭清洁自己位置上的食物残渣，然后用餐巾纸或擦嘴毛巾将嘴和手擦拭干净后漱口（1分）	2分	未正确操作演示、漏项，每项扣1分
4. 口述注意事项	（1）关注挑食和不愿进餐的孩子，不强迫孩子进食（0.5分） （2）进餐时不批评、不催促、不比赛（0.5分） （3）了解孩子在家的进餐习惯，观察孩子们的进餐情绪、进餐速度以及对食物的偏好，根据孩子的反应给予具体指导（1分）	2分	出现错、漏扣相应分值
合计		10分	

题目4 指导中、大班幼儿整理衣物

1. 考核目的

保育员掌握正确的婴幼儿衣服整理顺序，为孩子做出正确的示范，并对个别能力较弱的孩子给予帮助。

2. 评分项目及标准

评分项目	考核要点	配分	评分标准
1. 语言引导演示	（1）引导语言规范、语气温柔而坚定（1分） （2）用语言鼓励（1分）	2分	未正确操作演示、漏项，每项扣1分

评分项目	考核要点	配分	评分标准
2. 整理衣物演示	(1) 引导幼儿自己整理领子（1分） (2) 引导幼儿自己检查纽扣（1分） (3) 引导幼儿自己检查袖口（1分） (4) 引导幼儿自己包肚子（1分） (5) 引导幼儿自己检查裤子的正反面（1分） (6) 引导幼儿自己检查鞋子（1分） (7) 引导幼儿自己系鞋带（1分）	7分	未正确操作演示、漏项，每项扣1分
3. 口述注意事项	对能力较弱的孩子帮助的重点：整理上衣，协助包肚子，检查裤子的正反面，检查鞋子左右脚，帮助系鞋带	1分	错、漏一处扣0.5分，扣完为止
合计		10分	

题目5 婴幼儿睡眠中遗尿问题的处理

1. 考核目的

保育员正确处理婴幼儿睡眠中遗尿问题，并能够正确对待婴幼儿的遗尿。

2. 评分项目及标准

评分项目	考核要点	配分	评分标准
1. 入睡指导演示	提醒婴幼儿排尿（1分）	1分	错、漏扣1分
2. 巡视（演示+口述）	(1) 对有遗尿现象的孩子，在睡眠期间要有规律地唤醒其排尿（1分） (2) 午睡时可在睡下30 min左右唤醒孩子排尿（1分） (3) 晚间睡眠时每隔2~3 h唤醒孩子排尿（1分） (4) 睡眠过程中巡回观察，如果发现孩子在睡眠过程中有异常表现，如翻来覆去睡不踏实，及时唤醒其排尿（1分）	4分	未正确操作演示、漏项或表达不规范，每项扣1分
3. 遗尿处理（演示+口述）	(1) 发现孩子遗尿后仍处于睡眠中，轻声或以轻柔的动作逐步唤醒孩子（1分） (2) 尽快拿取干净的衣裤并帮助孩子更换衣裤（动作迅速，以免着凉）（1分） (3) 更换衣裤后将孩子抱到干净的床上（如没有空余的床位及时更换干净的被褥）（1分） (4) 陪伴，用温和的方式帮助孩子平复情绪，重新入睡（1分） (5) 及时处理被污染的衣裤和被褥（注意：必须在保证孩子有教师看护的情况下，保育员方可进行清洗等工作）（1分）	5分	未正确操作演示、漏项或表达不规范，每项扣1分
合计		10分	

题目6 婴幼儿身高/身长的测量

1. 考核目的

保育员掌握婴幼儿身高/身长的正确测量方法，并进行正确评价。

2. 评分项目及标准

评分项目	考核要点	配分	评分标准
1. 测量准备	（1）脱去帽、鞋、袜，松开发辫（0.5分） （2）脱去厚衣服（0.5分）	1分	错、漏一项扣0.5分
2. 测量身高/身长	（1）3岁以内测身长，儿童仰卧于测量床的底板中线上（1分） （2）由助手协助固定头顶接触头板，面部向上，测量者位于儿童右侧，左手握住儿童双膝，右手移动足板使其接触儿童两侧足跟（1分） （3）如果刻度在测量床双侧，则应注意测量床两侧的读数应该一致，一般读到小数点后1位（1分） （4）3岁以上儿童量身高，要取立正姿势站在测量仪上（1分） （5）头部保持正直位置，两眼直视正前方，胸部稍起，腹部稍微后收，头枕部、双肩、臀部、脚跟在一条线上，两臂自然下垂于身体两侧，手指和脚跟并拢，两脚分开约45°，然后测量。使顶板与颅顶接触，同时观察被测者姿势是否正确，读刻度（1分）	5分	错、漏一项扣1分
3. 记录数据	（1）以厘米（cm）为单位（0.5分） （2）有效数字取至小数点后1位（0.5分）	1分	错、漏一项扣0.5分
4. 评价	上：>均值+2SD 中上：均值+1SD~2SD 中等：均值±1SD 中下：均值-（1SD~2SD） 下：<均值-2SD	3分	评价错误扣3分
合计		10分	

题目7 发热婴幼儿的观察与护理

1. 考核目的

保育员掌握婴幼儿发热的发现方法，并能正确处理婴幼儿发热。

2. 评分项目及标准

评分项目	考核要点	配分	评分标准
1. 物品准备	（1）体温计（0.5分） （2）纸杯、毛巾、记录本、记录笔（0.5分）	1分	错、漏一项扣相应分值
2. 观察并发现发热孩子	（1）发现孩子精神不好、颜面潮红、身上热等，要及时测量体温（1分） （2）联系保健医生，排除传染病方能继续留园（1分）	2分	错、漏一项扣相应分值

续表

评分项目	考核要点	配分	评分标准
3. 发热孩子就医前的观察与护理	（1）体温观察（1分） （2）一般情况观察：观察患儿食欲、精神状态和睡眠情况（1分） （3）伴随症状观察：注意面色、呼吸是否急促，是否伴喘息、皮疹、呕吐、腹痛、腹泻等（1分） （4）严重情况的观察：如出现大汗淋漓、面色苍白、软弱无力等虚脱现象，或者出现精神萎靡、呼吸费力、皮肤出血点或瘀斑等要及时送医（1分）	4分	错、漏一项扣相应分值
4. 发热孩子就医后的观察与护理	（1）环境：环境保持清洁和安静，避免阴暗潮湿，每天通风（1分） （2）休息：让患儿多休息，避免剧烈活动（1分） （3）饮食：给予营养丰富且易于消化的流质或半流质食物（1分） （4）着装：及时增减衣物（1分） （5）口腔及皮肤护理：每次进食后喝水或漱口，勤洗手，保持衣物干爽（1分） （6）监测体温，酌情给予物理或药物降温（1分）	6分	错、漏一项扣相应分值，扣完为止
合计		13分	

题目8 参与组织室外体育游戏

1. 考核目的

保育员按照游戏活动前准备、活动中配合和活动后整理的顺序和要求配合教师组织游戏活动。

2. 评分项目及标准

评分项目	考核要点	配分	评分标准
1. 活动前的准备	（1）检查活动场地的安全性（0.5分） （2）排除场地中可能存在的安全隐患（0.5分） （3）了解游戏的目标、内容及注意事项（0.5分） （4）根据游戏人数需要准备足够材料（1分） （5）如发现游戏材料（尾巴）有损坏要及时修整（1分） （6）活动前提醒小便，特别提醒有特殊需要的孩子（0.5分） （7）提醒和帮助孩子根据天气情况及时增减衣服（1分） （8）组织孩子安全有序地下楼排好队，按指定位置进入操场（0.5分） （9）教师走在队前，保育员走在队尾（0.5分）	6分	错、漏一项扣相应分值

评分项目	考核要点	配分	评分标准
2. 活动过程中的配合	（1）协助整理队形（1分） （2）协助教师讲解游戏规则，帮助孩子合理分配游戏材料（1分） （3）帮助教师弥补游戏活动设计中的不足，向个别孩子重复示范游戏的玩法（1分） （4）站在队伍后面，帮助教师维持活动秩序，及时制止不当行为，及时排除安全隐患（1分） （5）提醒并帮助个别孩子穿脱衣服（1分） （6）避免孩子过度疲劳损害身体健康（1分） （7）观察每个孩子的活动量，发现孩子过度疲劳时要提醒其休息，关注特殊孩子，做好个别观察记录（1分）	7分	错、漏一项扣相应分值
3. 活动后的整理	（1）协助教师清点人数，整理密集队形（0.5分） （2）提醒孩子安静、有秩序地喝水（0.5分） （3）整理游戏道具，摆放整齐（0.5分） （4）发现有破损的游戏材料要分拣出来并安排修理，不能再用的要及时报损补充（0.5分）	2分	错、漏一项扣相应分值
合计		15分	

题目9 对体弱儿的运动指导

1. 考核目的

保育员了解体弱儿的具体情况及体弱的原因，进行有针对性的运动指导。

2. 评分项目及标准

评分项目	考核要点	配分	评分标准
1. 运动前指导演示	（1）遵循循序渐进的原则选择活动，活动量由小逐渐增大（1分） （2）适当减少每次活动的时间，加大间隔休息的时间（1分）	2分	错、漏一项扣相应分值
2. 运动中指导演示	（1）尽量把体弱儿安排在自己周围，以方便给予更多的关爱与照顾（1分） （2）及时帮助体弱儿擦汗、穿脱衣服（1分） （3）随时观察活动负荷并灵活降低体弱儿活动的难度与密度等（1.5分） （4）单独指导学习能力特别弱的体弱儿，将动作进行分解示范，然后逐渐将单个动作连贯起来（1.5分） （5）及时鼓励体弱儿增强信心（1分）	6分	错、漏一项扣相应分值

续表

评分项目	考核要点	配分	评分标准
3. 运动后指导演示	（1）提醒体弱儿及时喝水，补充水分（1分） （2）午睡时保育员要加强对体弱儿的巡视工作，适当延长体弱儿的睡眠时间（1分）	2分	错、漏一项扣相应分值
4. 口述对体弱儿的理解	（1）体弱儿的概念：指患缺铁性贫血（0.5分）、维生素D缺乏性佝偻病（0.5分）、营养不良（0.5分）、反复感染（0.5分）、先天性心脏病等的婴幼儿（0.5分） （2）儿童体弱的危害：免疫力较差，容易患病（0.5分）。影响儿童身高体重等增长，甚至影响智力的发育，对婴幼儿远期发展非常不利（0.5分）	2分	错、漏一项扣相应分值，扣完为止
合计		12分	